ÉTUDE HISTORIQUE

SUR

LE P. JEAN EUDES

LE VÉNÉRABLE JEAN EUDES
Instituteur de la Cong.^on de Jésus et Marie,
de l'ordre de N.D. de Charité, et de la Société
du S.^t Cœur de la Mère admirable.

ÉTUDE HISTORIQUE

SUR

LE P. JEAN EUDES

INSTITUTEUR
DE LA CONGRÉGATION DE JÉSUS ET MARIE
ET DE L'ORDRE DE NOTRE-DAME DE CHARITÉ

par

L'Abbé LECOINTE

CURÉ DE CORMELLES-LE-ROYAL
MEMBRE DE LA SOCIÉTÉ DES ANTIQUAIRES DE NORMANDIE
ET DE LA SOCIÉTÉ FRANÇAISE D'ARCHÉOLOGIE

> Dieu veut la croix et veut faire ses œuvres
> dans la croix.
>> Le cardinal de Bérulle.
>> (*Lettre.*)

CAEN

IMPRIMERIE DE F. LE BLANC-HARDEL
RUE FROIDE, 2 ET 4

1878

AVANT-PROPOS.

Au mois de mars, nous fûmes invité par
M. l'abbé Ducellier, vicaire général du diocèse
de Bayeux, nommé depuis ▟ temps à l'évêché
de Bayonne, à déposer, en qualité de témoin
d'office, devant le Tribunal constitué à Bayeux
pour la cause de la Béatification du vénérable
serviteur de Dieu, le P. Jean Eudes. L'étendue
des questions auxquelles il fallait répondre, l'insuffisance de nos connaissances, enfin, le prin-
cipe bien arrêté, à la vue des erreurs dont
fourmillent trop souvent les histoires, de ne
jamais traiter une question historique, avant
d'avoir pris le temps de l'étudier à fond, nous
fit décliner l'honneur qu'on voulait bien nous
faire. D'ailleurs, tant de nos confrères étaient
plus aptes que nous à faire cette étude ! Cependant, comme il nous en avait coûté beaucoup

de répondre par un refus aux avances d'un supérieur dont toutes les paroles, dont tous les
actes sont marqués au coin de la bienveillance,
de l'aménité la plus exquise, nous commençâmes
à étudier la vie du P. Jean Eudes, pour faire
preuve de déférence et de bonne volonté, mais
toutefois sans la moindre intention de composer
aucun travail écrit. Nous reculions toujours devant la charge qu'on avait voulu nous faire
accepter.

Mais cette curiosité intellectuelle, qui entraîne
et séduit toujours les esprits amis de l'étude, nous
fit, pour ainsi dire, tomber dans un piége que
nous n'avions pas prévu. Les nombreux et riches
manuscrits du monastère de Notre-Dame de
Charité, fondé, on le sait, par le P. Eudes,
furent mis à notre disposition ; et quelques heures
de travail suffirent pour faire apparaître à nos
yeux et à notre esprit étonnés la figure saisis-
sante et vénérable d'un héros et d'un saint. Toute
pensée de refus pour la tâche offerte s'évanouit,
et nous fûmes, en quelque sorte, invinciblement
attiré vers le travail qui nous était demandé.
Nous sentîmes aussi nos forces s'accroître à la
pensée que ce grand homme était à peu près

inconnu, même dans le monde lettré de cette Athènes normande, qui avait été le théâtre de ses exploits, le centre de ses opérations, le champ d'honneur de son héroïque charité. Si peu que nous pourrions faire, nous contribuerions du moins, pensions-nous, à lever un coin du voile que l'indifférence de deux siècles avait jeté sur cette grande existence. Le travail devenait, dès lors, pour nous un besoin et une délicieuse jouissance.

Non-seulement nous acceptâmes de comparaître à la barre du Tribunal constitué pour la cause de la Béatification ; mais tout plein d'un sujet consciencieusement étudié pendant quatre longs mois, nous conçûmes le projet d'écrire les quelques pages que nous publions aujourd'hui.

Le but de ce travail est de dégager la question relative au P. Jean Eudes des reproches sans fondement, des contradictions, des attaques, en un mot, de toutes les manœuvres auxquelles on a eu recours pour l'obscurcir, alors qu'il est pourtant si facile d'y apporter la lumière, quand on l'étudie sans idées préconçues. N'était-il pas d'ailleurs important, tandis que le Tribunal ecclésiastique instruisait le procès du P. Jean

Eudes, au point de vue de la sainteté de sa vie, de faire entrer la question dans le domaine de la science historique? La connaissance de la vérité étant l'objectif poursuivi des deux côtés, et les pièces du procès étant les mêmes, la sentence des deux tribunaux devait nécessairement être la même.

Ce travail n'est donc ni l'histoire abrégée de la vie de Jean Eudes, ni une dissertation sur ses vertus, ni une considération à grands traits sur les œuvres qu'il a accomplies : c'est, comme le dit notre titre, une Étude de critique historique, dans laquelle sont passées soigneusement en revue toutes les attaques dirigées contre le fondateur de la Congrégation des Eudistes, et où sont succinctement indiquées les réponses que l'on peut y faire. Au lieu des développements qu'on aurait pu facilement donner à ce travail, on a préféré produire des pièces authentiques peu connues même de la plupart des hommes d'étude, et qui ont paru avoir dans la question une incontestable importance.

Disons maintenant quelques mots des documents sur lesquels reposent cette étude.

En dehors des nombreux articles, hostiles ou

sympathiques, consacrés au P. Eudes par diffé-
rents biographes dont nous avons lu les ouvrages,
nous avons examiné et comparé, avec un soin
tout spécial, les documents fournis par les écrivains Eudistes ; malheureusement presque tous ces
ouvrages, restés manuscrits jusqu'à ce jour, sont
à peu près ignorés. Il importe pourtant de les
connaître ; on peut même dire que rien ne peut
les remplacer. Seuls, les historiens Eudistes ra-
content d'une manière complète la vie de leur
maître vénéré. Où trouver ailleurs ces détails
donnés, pour ainsi dire, heure par heure, et
toujours avec cette sincérité, cette loyauté, cette
candeur, cet esprit de charité, qui portent la
conviction dans l'âme ?

Le premier de ces biographes est le P. Jacques
Finel, né à Marchézieux, dans le diocèse de
Coutances ; il entra dans la Congrégation de
Jésus et Marie en 1646, et mourut à St-Nicolas
de Coutances, à l'âge de 54 ans, le 16 mars 1652.
Le Mémoire qu'il a composé sur les commen-
cements de la Congrégation est intitulé : Verba
dierum. Ce travail, perdu depuis la Révolution,
n'est pas encore retrouvé. En tout cas, il eût
ajouté peu de choses aux relations des biographes

qui l'ont connu, et dont nous possédons les écrits beaucoup plus complets.

Le second biographe, qui vient par ordre de date, est le P. Hérambourg Pierre, né à Rouen, le 9 septembre 1661. Son intelligence se développa d'une manière si précoce, qu'il soutint, à l'âge de 12 ans, une thèse de philosophie contre un petit compagnon d'étude qui n'en avait que dix ; les deux jouteurs firent preuve dans la lutte d'une ardeur et d'une force de dialectique remarquables. Quelques années plus tard, les deux jeunes philosophes, devenus hommes, mettaient leur talent au service de l'Église, en se faisant prêtres. Pierre Hérambourg entra dans la Congrégation de Jésus et Marie en 1683, trois ans après la mort du P. Eudes ; il y fut incorporé en 1687, devint supérieur du séminaire de Coutances et mourut en 1720. Le livre qu'il nous a laissé sur son saint Instituteur, qu'il avait vu et entendu prêcher à Rouen, est extrêmement précieux, non-seulement à cause du mérite et de la sainteté de l'auteur, mais encore et surtout parce que l'écrivain a vécu dans les temps mêmes et non loin du personnage dont il nous a laissé l'histoire. Le travail se divise en deux parties :

la première, consacrée plus spécialement à l'histoire de la Congrégation, n'est guère qu'un ensemble de notes très-intéressantes, mais réunies sans ordre méthodique, sans rédaction soignée, et très-incomplètes ; la seconde, la partie principale, celle à laquelle l'auteur a évidemment apporté le plus de soin, est un traité, trop long peut-être, des vertus du P. Jean Eudes. C'est cette seconde partie dont le R. P. Le Doré, supérieur général de la Congrégation des Eudistes, nous a donné deux éditions revues et enrichies d'une foule de faits qui rehaussent incontestablement la valeur de l'ouvrage original, mais qu'il eût été préférable de donner à part dans un appendice ou chapitre additionnel.

A la date de 1720 et à celle de 1725, nous trouvons les Annales et les Fleurs de la Congrégation de Jésus et Marie par le P. Costil. Ces deux ouvrages, presque toujours identiques, se complètent pourtant parfois l'un l'autre. Ils laissent beaucoup à désirer au point de vue du style ; mais, ainsi que l'a dit M. l'abbé Tresvaux, dans la préface de la Vie du P. Jean Eudes par le P. de Montigny, l'auteur « rachète ce défaut par son exactitude à rapporter fidèlement *les discours et les faits, par les détails qu'il donne, et par le ton de simplicité et de sincérité qui règne dans tout son récit. » L'étude de ces deux ouvrages est indispensable à quiconque veut acquérir une connaissance complète et approfondie de la Congrégation des P. Eudistes.*

Viennent enfin la vie du P. Jean Eudes par le P. de Montigny, jésuite breton, né à Vannes en 1694. Ce Mémoire, composé vers 1765, a été revu et imprimé, en 1827, par M. l'abbé Tresvaux. On possède encore une Vie du P. Eudes par le P. Beurier, eudiste, en 1778. Sauf quelques détails peu importants, ce travail n'est guère que la reproduction du livre du P. de Montigny. Ces deux récits, surtout le premier, sont secs, incolores et incomplets. Du reste, tous les ouvrages que nous venons d'énumérer, sont bien plutôt des Mémoires qu'une histoire proprement dite du P. Jean Eudes.

La seule histoire véritablement digne de ce nom est celle du P. Julien Martine, né à Vaucelles de Caen, le 15 octobre 1669. Il entra dans la Congrégation des Eudistes le 12 novembre 1703, y fut incorporé le 23 janvier 1707, devint supérieur du Noviciat en 1712, supérieur du séminaire de Coutances en 1720, et de celui d'Évreux en 1736 ; il mourut, en odeur de sainteté, à Évreux, en 1745, le 28 janvier. Il destinait son ouvrage à l'impression, tout en regrettant modestement « qu'il ne se rencontrât aucun homme plus habile qui voulût bien mettre son talent et sa plume au service d'une si grande cause. Convaincu de son insuffisance, il croyoit que l'importance du sujet et l'excellence des matériaux pourroient peut-être suppléer à la bassesse de son style et aux défauts de sa composition (1). »

La vérité, c'est que ce modeste prêtre a fait œuvre d'historien. Sa Vie du R. P. Jean Eudes est un travail complet, méthodique, écrit avec discrétion et un esprit judicieux, enrichi de nombreux fragments extraits de la correspondance ou des ouvrages de son vénéré maître, qu'il a su habilement encadrer dans son récit. Son histoire, précédée d'une introduction et divisée en six livres, contient 800 pages in-8° grande justification. Chaque livre est précédé d'un sommaire fort bien fait ; à la fin du livre, se trouve

(1) *Introduction*, p. 1.

une table alphabétique des matières très-complète : c'est l'histoire telle qu'on l'écrit de nos jours. Ce beau travail, qui intéresse d'une manière toute spéciale la ville de Caen, n'a besoin, pour être livré à l'impression, que de subir ces petites retouches que font ordinairement les auteurs dans la correction des épreuves. Nous faisons les vœux les plus ardents pour la publication de cet ouvrage vraiment intéressant. Nous espérons que la Société des Antiquaires de Normandie, qui a tant fait déjà pour l'histoire de notre province, ne voudra pas qu'il reste plus longtemps ignoré. C'est un nouvel historien qui vient prendre place dans les Annales de notre ville de Caen, déjà si riche en grands hommes.

Quant à l'Étude historique que nous publions, si succincte qu'elle soit, elle permettra cependant au lecteur attentif d'apprécier le mérite et la grandeur de ce Jean Eudes, que nous ne craignons pas d'appeler un grand homme, un héros et un saint.

Cormelles-le-Royal , 15 Août 1878.

E. LE COINTE.

OUVRAGES DU P. EUDES.

Exercices de piété (1636) (1).

La Vie et le Royaume de Jésus (1637).

Le Testament de Jésus (1641).

Le Catéchisme de la Mission (1641).

Avertissements aux Confesseurs (1642).

Le Contrat de l'homme avec Dieu par le saint Baptême (1654).

Le livre des Offices et des Messes de dévotion (1663).

Le Bon Confesseur (1666).

Le Manuel pour une Communauté ecclésiastique (1668).

L'Enfance admirable de la Sainte-Vierge (1672).

Le Prédicateur apostolique (1676).

Le Mémorial de la Vie ecclésiastique (1676).

Le Cœur admirable de la Très-Sainte Mère de Dieu (1676-1680).

Sermons, 3 vol.

Méditations, 2 vol.

Tout Jésus.

L'Homme chrétien.

(1) Les dates, données d'après le manuscrit du P. Martine, indiquent l'année de la composition du livre.

Explication de l'Office divin.

Le Sacrifice admirable de la Sainte Messe.

Les faveurs faites à l'Église de Coutances par la Très-Sainte Vierge (inachevé).

Le Journal du P. Eudes, Memoriale beneficiorum Dei.

Documents sur Marie des Vallées.

Les Constitutions de la Congrégation de Jésus et Marie, et de Notre-Dame de Charité du Refuge.

Lettres.

AUX ACCUSATIONS DIRIGÉES CONTRE LE P. JEAN EUDES

ÉTUDE

DE CRITIQUE HISTORIQUE

SOURCES.

HÉRAMBOURG, *La Vie du R. P. Jean Eudes* (manusc.). — COSTIL, *Annales de la Congrégation de Jésus et Marie; Les Fleurs de la Congrégation de Jésus et Marie* (manusc.). — MARTINE, *Vie du R. P. Jean Eudes* (manusc.). — DE MONTIGNY, *Vie du P. Jean Eudes.* — BEURIER, *La Vie du P. Jean Eudes* (manusc.). — HUET, *Les Origines de la ville de Caen; Commentarius de rebus ad eum pertinentibus.* — HERMANT, *Histoire de l'établissement des ordres religieux; Histoire du diocèse de Bayeux* (manusc.). — HÉLYOT et BULLOT, *Histoire des ordres religieux.* — D'AVRIGNY, *Mémoires chronologiques.* — LELONG, *Bibliothèque historique de France.* — Le R. P. LE DORÉ, *Le*

Révérend Père Jean Eudes, ses vertus. — DE MONTZEY, *Le P. Eudes et ses Instituts.* — DE LA RUE, *Essais historiques sur la ville de Caen.* — VAULTIER, *Histoire de la ville de Caen.* — Le P. PERRAUD, *L'Oratoire de France.* — G. LE VAVASSEUR, *Notice sur les trois frères Jean Eudes.* — Mgr BESSON, *Panégyrique du vénérable Père Eudes.* — MORÉRI, *Dictionnaire historique.* — *Le Mercure de France. Le Journal du Calvados* (ann. 1810). — HOEFER, *Nouvelle Biographie générale.* — LAROUSSE, *Grand Dictionnaire universel du XIXe siècle.*

I.

Le Père Eudes était de basse extraction.

Le P. Eudes appartenait à une honnête et digne famille bourgeoise. Ce reproche inepte et suranné au XVIIe siècle est devenu risible au XIXe. Colbert, ministre et secrétaire d'État de Louis XIV, était aussi un bourgeois; les Apôtres étaient d'humbles artisans. Combien donc ces adversaires du P. Eudes exigeaient-ils de quartiers de noblesse pour qu'on pût être admis à travailler à la gloire de Dieu et au salut des hommes? Le grand missionnaire normand, l'apôtre infatigable, a bravement gagné ses lettres de noblesse par une vie toute de dévouement et de sacrifice. Pendant cinquante-trois ans, il a combattu au champ d'honneur, et il y est mort.

II.

Le P. Eudes était un homme sans science ; il ne prêchait que pour les hommes grossiers et ignorants.

Les P. P. de l'Oratoire le regardèrent, tant qu'il fut des leurs, comme un sujet d'élite : c'était le jugement qu'en avaient porté le saint cardinal de Bérulle et le vénérable P. de Condren. Le P. Eudes aurait-il, par hasard, perdu le talent en quittant l'Oratoire? Et ses œuvres? Avant de lui adresser ce reproche, il aurait, au moins, fallu commencer par les faire disparaître. Sans doute, comme son divin Maître, il affectionnait surtout les petits, les humbles, tous ceux qui étaient les plus deshérités dans la grande famille chrétienne; comme lui, il eût dit volontiers : « *Spiritus Domini... unxit me, evangelizare pauperibus misit me, sanare contritos corde* »; mais il se donnait à tous sans distinction. Il prêchait pour les lettrés et les illettrés, pour les gentilshommes et les plébéiens, pour les catholiques et les protestants, pour les civils et les militaires, pour les fidèles et les prêtres. Il donnait des missions dans les campagnes; il en a aussi donné, et de nombreuses, dans les villes : à Caen, *l'Athènes normande*, à Vire, à Rouen, à Coutances, à St-Lo, à Lisieux, à Honfleur, à Pont-l'Évêque, à Évreux, à Bernay, à Beaune, à Autun, à St-Malo, à Rennes; à Paris : à St-Sulpice, aux Quinze-Vingts, à St-Germain-des-Prés; à Versailles, devant Louis XIV et la cour, etc., etc. A Paris, les savants voulaient entendre M. Eudes et ses prêtres; les églises ne pouvaient contenir la foule accourue pour l'écouter : pendant quatre semaines, l'homme de Dieu dut prêcher en plein air. On vit jusqu'à 200 et 300 prêtres assister à ses conférences ecclésiastiques. Aux Quinze-Vingts, on compta un jour jusqu'à 12 évêques présents au sermon du P. Eudes. A la fin de la mission de St-Germain, on put voir défiler à la procession 500 prêtres en surplis. Claude de La Madeleine, évêque d'Autun, écrivait au Pape Innocent X (1648) que le P. Eudes était un « homme véritablement envoyé de Dieu..., puissant en œuvre et en parole; comme un marteau, dit-il, propre à briser les pierres, il amollit et rompt la dureté d'un grand nombre de cœurs et les attire à la pénitence (1). » Tous les évêques de Normandie lui rendaient le même témoignage et en parlaient avec une égale admiration. Mgr Camus, évêque de Belley, a dit de lui : « J'ay entendu, en ma vie, bien des prédicateurs, *et des plus habiles*, tant en France qu'en

(1) Annales de la Congrégation de Jésus et Marie.

Italie; mais je n'en ay jamais entendu qui entrast plus avant dans le cœur de l'homme que ce bon Père. » Le vénérable **M.** Olier l'appelait « *la merveille de son siècle.* » Saint Vincent de Paul, Dominique Georges, abbé du Val-Richer, fondateur des conférences ecclésiastiques dans notre diocèse, l'abbé de Rancé, étaient au nombre de ses admirateurs; enfin, Bossuet disait hautement, après l'avoir entendu : « Nous devrions tous prêcher comme le P. Jean Eudes. » Était-ce là une réunion d'hommes grossiers et ignorants !

III.

Le P. Eudes « avoit une éloquence... véhémente, plus propre à toucher ses auditeurs par la terreur, qu'à les attirer par la douceur....., se laissant emporter à son zèle, qui n'étoit pas toujours assez réglé; n'ayant ni droit, ni mission, ni le caractère de l'autorité, il se portoit à des actions hardies, qui ont eu quelquefois de fâcheuses suites » (Huet, *Orig.*, p. 429-31). « *Vehemens inter concionandum, voce stentorea intonabat, solitus e cathedra plebem terrefacere* » (Martin, *Athenæ Normannorum).*

Nous allons examiner d'une façon toute spéciale ce reproche, qui a été sans cesse rebattu, depuis Huet jusqu'à ce jour, bien qu'il ne repose sur aucun fondement.

Incontestablement, le P. Eudes avait un tempérament tout de feu, un zèle ardent, impétueux, une énergie indomptable, « *audax* et *ardens.* » C'est bien à lui que l'on peut justement appliquer les paroles de l'Écriture : « *Zelus domus tuœ comedit me.* » Mais nous rejetons le mot de « violence » comme inexact ; quant à son zèle, nous nions formellement qu'il fût indiscret. Le mot caractéristique de l'éloquence du P. Eudes, c'est l'animation, l'ardeur, l'impétuosité, la force accompagnée d'une grande onction, une expression de foi profonde qui portait la conviction dans les âmes. « Lion en chaire, disaient les Religieuses de Montmartre, agneau au confessionnal » ; nous avions trouvé le mot avant de savoir qu'il était historique. « Ardent pour le salut des âmes, et pour la gloire de son Maître, a dit également M. l'abbé de La Palluelle (1), infatigable dans les travaux, terrible dans la chaire, prudent dans le confessionnal, patient dans l'adversité, affable dans la conversation. » L'historien de Picpus, continuateur du P. Hélyot, Hermant qui l'avait entendu prêcher, le P. Hérambourg et le P. de Montigny, le P. Costil et le P. Beurier, enfin,

(1) Oraison funèbre prononcée au séminaire de Coutances, en 1682.

tous les écrivains qui l'ont jugé équitable-
ment, parlent de son zèle, de son ardeur
impétueuse, de son courage à dire la vérité
tout entière, mais aussi d'une onction qui
allait au cœur et le gagnait à Dieu. En chaire
donc il tonnait contre les vices, « avec une
voix de stentor », dit le P. Martin ; soit, nous
l'accordons ; quoique la forme nous paraisse
peu polie ; peut-être cela pouvait-il s'écrire au
XVIIe siècle. Et puis, c'est le cas de rappeler
le vers du poëte :

Le latin dans les mots brave l'honnêteté.

Mais ce foudre de guerre a converti des mil-
liers de pécheurs qui ont trouvé en lui un cœur
compatissant et toujours prêt à prendre à sa
charge une part de leurs pénitences. Les vieux
chroniqueurs français rapportent que lorsque
le chevaleresque Jean, roi de France, vit les
Anglais, à Poitiers, « *le sang lui mua* » et
que, saisissant sa hache d'armes, il s'élança au
plus épais des bataillons ennemis : c'est le
portrait de notre valeureux P. Eudes. Il aimait
tant Dieu, que lorsqu'il se voyait en face des
vices qui désolaient alors la société « *le sang
lui muait* » ; il s'élançait alors sur l'ennemi,
il le chargeait vigoureusement, frappant d'estoc
et de taille ; mais plus prudent et aussi plus
heureux que l'infortuné roi de France, il pre-

nait si bien ses précautions et conduisait si habilement ses charges répétées, qu'il sortait toujours vainqueur de la lutte. La bataille finie, les vaincus étonnés trouvaient en lui le plus doux, le plus généreux des vainqueurs, un vainqueur qui n'avait combattu que pour gagner leurs âmes. Il exterminait l'erreur et chérissait les hommes : *Diligite homines, interficite errores* (1). Voilà ce que Huet n'a pas vu tout d'abord ; on sait du reste comment il a grandement et généreusement réparé plus tard son erreur dans son *Commentarius de rebus ad eum pertinentibus* (P. 355). Son premier jugement, d'ailleurs, est facile à expliquer. Huet, sous-précepteur du Dauphin, en 1670, s'est fait naturellement, tout d'abord, l'écho des murmures et des blâmes des courtisans vicieux, qui devaient voir de mauvais œil ce prêtre, ce nouveau Jean arrivé de Normandie, assez audacieux pour venir dénoncer publiquement leurs vices, et jeter ses *non licet* jusqu'au milieu de la cour du grand Roi. Mais la Reine-mère et Louis XIV goûtaient fort les prédications du saint apôtre. Dans la mission de St-Germain-des-Prés, quand le P. Jean Eudes, avec infiniment de respect, mais aussi avec une liberté tout évangélique, eut exposé à la Reine régente ce qu'elle avait à faire pour extirper les vices qui déshonoraient son royaume, et

(1) Saint Augustin.

arriver ainsi à gouverner selon la volonté Dieu, les courtisans le déclarèrent perdu; la Reine, disaient-ils, allait le faire enlever et jeter à la Bastille. Informée de ces bruits malveillants et ridicules, Anne d'Autriche envoya féliciter le vénérable missionnaire, et elle ajouta, en s'adressant à ceux qui l'entouraient: « *Il y a* « *long-tems que je n'avois entendu de prédica-* « *tions, mais j'en ay entendu une aujourd'hui.* « *Voilà comme il faut prêcher, et non pas me* « *dire des fleurettes, comme les autres me* « *disent.* » Aussitôt tous les courtisans répétè-rent en chœur que le P. Eudes était vraiment admirable. Souvent, il est vrai, ses adver-saires ont voulu retourner contre lui son zèle pour le perdre ou du moins l'amoindrir; jamais ils n'y ont réussi, et quoi qu'en ait dit Huet, « ses actions hardies » n'ont jamais eu que des résultats merveilleux, ce qui prouve que le genre choisi par l'orateur était le bon. « Doux et humble de cœur », le divin Maître, son mo-dèle, n'était-il pas, lui aussi, terrible contre les vices des Pharisiens? Il fallait les saintes har-diesses du P. Eudes pour remuer et régénérer cette société du XVIIe siècle, alors si ignorante des vérités religieuses, si corrompue, mais dont la foi était pourtant encore si vivace et qu'il ne fallait que tirer de son sommeil de mort. Il ne faut pas oublier, d'ailleurs, que les hommes providentiels, les saints apôtres de la taille du P. Eudes, ont des hardiesses, des façons de dire, à eux seuls permises ; en voulant les copier, nous dirions presque les singer, on se rendrait ridicule. Le naïf évêque de Belley l'apprit à ses dépens dans l'église St-Étienne de Caen. Voulant essayer, à l'exemple du P. Eudes, d'enlever ses auditeurs et de leur faire crier, par des prodiges d'éloquence : « Miséricorde ! Miséricorde ! O mon Dieu ! » il faillit les faire rire.

Quant à la réflexion de Huet, que le P. Eudes n'avait « *ni droit, ni mission, ni le caractère de l'autorité* », nous avouons franchement ne pas en comprendre le sens. Le saint missionnaire n'a rien fait, absolument rien, jamais, nulle part, ni donné de missions, ni fondé de séminaires, ni même soigné les pestiférés, sans la permission de ses légitimes supérieurs, sans l'autorisation, souvent même sans l'appel pressant des évêques, sans lettres-patentes, sans lettres d'institution, délivrées en bonne et due forme. Mgr de Harlay, archevêque de Rouen, l'avait nommé chef de toutes les missions de Normandie, et ce privilége lui a été maintenu ; l'Assemblée du clergé de France et la Cour de Rome l'ont encouragé dans son œuvre. Quand il arrivait avec ses prêtres dans une paroisse pour une mission, il commençait par déposer entre les mains du curé l'autorisation signée de l'official ; c'est à la demande des évêques qu'il a fondé ses séminaires à Caen, Coutances, Lisieux, Rouen, Évreux et Rennes. Que pouvait-on lui demander de plus? Dès lors, partout et toujours, il a pu dire comme à St-Germain-des-Prés, en présence de la Reine-mère : « qu'il n'étoit qu'un chétif homme et un misérable pécheur, mais qu'au lieu où il étoit, et tenant la place de Dieu, il pouvoit dire avec saint Paul et avec tous ceux qui ont l'honneur d'annoncer la sainte parole de Dieu : « *Pro Christo legatione fungimur.* »

A l'appui de nos assertions, nous pouvons citer les P. P. Hérambourg, Martine, de Montigny, Beurier, Costil, le continuateur du P. Hélyot, Hermant (1), et enfin Huet lui-même. C'est, en effet, de l'évêque d'Avranches que sont ces belles et touchantes paroles, ce jugement magistral que nous devons bien reproduire :

« Is singulari sua virtute et ardentissima pietate me ad sui amorem et admirationem jam alexerat. Inanem hic sumerem operam, si laudes prosequerer hominis quem infiniti ad promovendum Dei cultum et animarum procurandam salutem suscepti labores ac piissimæ

______

(1) « La Duchesse de Guise..... étoit pénétrée d'estime pour ce Père, que ses missions et ses prédications *pleines d'onction* lui avoient acquise. » Hermant, *Histoire du Diocèse de Bayeux*, t. III, p. 94 (manuscrit).

etiam et utilissimæ scriptiones et Deo carum et Ecclesiæ venerabilem effecerunt. »

Cela s'appelle parler d'or. Il faut s'en tenir à ce dernier jugement : c'est le bon. Nous croyons cependant devoir ajouter que si la première critique du savant prélat a été erronée, sur certains points, elle est toujours restée complètement respectueuse. Arrivons maintenant à l'abbé De La Rue, l'auteur des *Essais historiques sur la ville de Caen.*

IV.

« La maison de l'Oratoire de Caen se préparoit depuis long-temps à l'établissement d'un séminaire dans notre ville. Des fonds, provenans des offrandes et des aumônes des fidèles, étoient préparés pour cet effet, lorsque le Père Eudes abandonna l'Oratoire pour établir lui-même un séminaire, dont il fut le fondateur et le chef. Les mémoires de la Congrégation qu'il quitta brusquement, et les lettres de ses Généraux sur sa conduite particulière, sont loin de lui être favorables ; mais nous sommes loin aussi des événemens, et nullement à portée de prononcer sur ce point....... L'évêque Édouard Molé fit fermer la chapelle (des Eudistes), parce qu'il pensa que le Père Eudes n'avoit obtenu, en 1642, des lettres-patentes portant approbation

de son Institut, que sur des certificats fabri-
qués et faussement attribués à son prédécesseur
(Suit l'accusation portée par Huet)..... On lui
attribue une vie de Marie des Vallées, et plu-
sieurs ouvrages sur les visions de cette béate.....
Il existe une histoire manuscrite de la Con-
grégation des Eudistes en 2 vol. in-4°; mais
elle ne renferme rien d'intéressant. »

Nous devons examiner cet article avec la
la plus grande attention, parce qu'il appartient
à un historien de Caen, que naguère encore on
citait comme un oracle en fait d'histoire locale.
Comme toutes ces assertions sont inexactes,
nous sommes obligé de les reprendre et de les
examiner par parties.

Nous remarquons d'abord que cet article,
évidemment hostile au P. Eudes, a un premier
tort : celui de procéder par insinuation, de
réunir une série d'accusations sans preuves et
présentées d'une manière assez vague pour
n'engager en rien la responsabilité de l'écrivain,
mais suffisantes pour indisposer l'esprit du lecteur contre le personnage dont on résume ainsi
la vie à grands traits. Au nom de l'impartialité,
nous protestons contre cette manière d'écrire
l'histoire.

« *La Congrégation de l'Oratoire de Caen se*
préparoit depuis long-temps à l'établissement
d'un séminaire dans notre ville. » C'est une pre-

mière erreur commise par M. De La Rue. Jamais l'Oratoire de Caen n'a conçu ce projet. Cela est si vrai, que lorsqu'en 1641, deux ans avant de quitter l'Oratoire, le P. Eudes demanda l'autorisation de recevoir dans l'établissement de Caen quelques ecclésiastiques qui désiraient s'y former à la pratique de leurs devoirs, il lui fut répondu par un refus formel. On ne voit aucune trace du projet supposé. Il y a plus : l'Oratoire avait si peu l'intention de fonder des séminaires, qu'en 1648, au moment où le supérieur général, M. de Bourgoing, reconnaissait lui-même que la fondation des séminaires était un des principaux buts poursuivis par le cardinal de Bérulle, sa Congrégation, qui possédait déjà soixante colléges en plein exercice, n'avait encore qu'un seul séminaire, celui de St-Magloire, à Paris ; et cela cinq ans après la sortie du P. Eudes. Évidemment, à cette époque du moins, l'Oratoire avait abandonné l'idée de son saint fondateur, relativement à la question des séminaires : c'était pour reprendre cette idée et la réaliser que le P. Eudes quitta l'Oratoire.

« *Des fonds provenans des offrandes et des aumônes des fidèles étoient préparés pour cet effet, lorsque le P. Eudes quitta l'Oratoire pour établir lui-même un séminaire.* » Pour quiconque connaît la question et sait comprendre l'allusion de l'écrivain, cela signifie que le P. Eudes, en se retirant, garda pour sa Congrégation des sommes qui lui avaient été données pour l'Oratoire. Le P. Eudes a déclaré que ces offrandes lui avaient été remises pour la Congrégation nouvelle qu'il voulait fonder, et non pour l'Oratoire. La seule déclaration d'un homme du mérite, de la vertu et de la loyauté du P. Eudes serait suffisante, quand les adversaires ne peuvent produire aucune preuve à l'appui de leur réclamation. Mais le doute n'est pas même possible, puisque le principal donateur a déclaré qu'il avait fait son offrande non pour l'Oratoire auquel il n'avait pas même pensé, mais bien pour la nouvelle Congrégation de Jésus et Marie. La lettre de M. de Répichon tranche la question. Quant à la duchesse d'Aiguillon, en donnant 1,000 livres au P. Eudes pour la construction du séminaire de Caen, elle ne faisait que remplir les intentions de son oncle, le cardinal de Richelieu. Enfin, l'excellent P. Eudes, qui, par amour de la paix et par esprit de charité, était toujours disposé à faire des concessions même à des demandes sans aucun fondement, — et les cas que l'on pourrait citer sont nombreux, — offrit aux Oratoriens de leur céder la moitié des sommes reçues pour sa Congrégation : ils rejetèrent fièrement cette proposition pourtant si aimable : ils voulaient tout ; c'était vraiment trop d'exigence quand ils n'avaient droit à rien. L'insinuation de M. De La Rue est donc injustifiable.

« *Les Mémoires de la Congrégation qu'il quitta brusquement, et les lettres de ses Généraux sur sa conduite particulière sont loin de lui être favorables* », ajoute l'historien de Caen dans son petit réquisitoire. Nous relevons d'abord ce pluriel, « *ses Généraux.* » Le P. Eudes a été sous trois supérieurs généraux pendant le temps qu'il a fait partie de l'Oratoire : le saint cardinal de Bérulle et le vénérable P. de Condren, on le sait, lui ont été très-favorables et l'ont toujours regardé comme un sujet d'élite. Reste donc le seul P. de Bourgoing, sous l'administration duquel le P. Eudes a quitté l'Oratoire, en 1643. Il faut donc dire « *son Général*, et non « *ses Généraux* », pour ne pas induire le lecteur en erreur. Un second tort de **M. De La Rue**, c'est d'avoir donné l'acte d'accusation sans avoir produit la défense. Ne vouloir écouter qu'une des parties et repousser l'autre sans l'entendre, c'est un procédé arbitraire qui ne sera jamais admis tant que le mot de justice aura un sens dans l'esprit du législateur. Et quand l'auteur des *Essais* a la bonté d'ajouter, comme pour accorder au P. Eudes le bénéfice des circonstances atténuantes : « *mais nous sommes loin aussi des événemens, et nullement à portée de prononcer sur ce point* », il commet une autre erreur bien plus grave encore. Comment ne s'aperçoit-il pas qu'il détruit la certitude historique ? L'abbé De La Rue est né en 1751, c'est-à-dire soixante-onze ans après la mort du P. Eudes. Si, à cent ou cent vingt ans de distance, quand les documents abondent, l'historien ne peut pas élucider des faits importants consignés dans des pièces que les intéressés doivent facilement produire, il ne faut plus parler d'histoire, ni de critique historique. Cette déclaration a de quoi surprendre, venant de la part d'un historien archéologue qui s'est acharné, quelquefois sans obtenir de grands résultats, sur des questions bien autrement nébuleuses que celle du P. Eudes, et incontestablement moins importantes. On sait avec quel effroi les auditeurs de M. De La Rue l'entendaient, dans son cours d'histoire, revenir incessamment sur l'emplacement de la fameuse *Otlingua Saxonia*, sans jamais réussir à trouver une hypothèse de nature à les satisfaire. Heureusement la prétendue difficulté, en ce qui concerne le P. Eudes, est purement imaginaire. Les documents que l'on peut étudier et comparer sont nombreux ; quand on les lit avec attention et impartialité, la vérité se dégage d'elle-même et la lumière est bientôt faite. On comprend bien vite que les PP. de l'Oratoire devaient être au désespoir de voir leur échapper un pareil sujet : *inde iræ*. Pour ce qui est de cette « sortie brusque » dont parle M. De La Rue, elle est toute naturelle : puisque les Oratoriens ne fondaient pas de séminaires, et que le P. Eudes avait la conviction que ces établissements étaient indispensables à la régénération de la société chrétienne, il lui fallait nécessairement prendre un parti sans plus de retard ; c'est ce que fit le zélé et saint prêtre : il alla planter sa tente ailleurs. Dieu a béni son œuvre et l'opinion publique lui a donné raison. Nous n'avons pas à revenir sur le passage des *Origines de Caen* : nous y avons répondu plus haut ; mais nous avons bien le droit de demander pourquoi M. De La Rue, qui l'a si soigneusement enregistré, n'a pas également reproduit l'admirable passage du *Commentarius* qui l'efface bien un peu ? Il est vrai que si l'historien de Caen l'eût cité, il aurait dû jeter au panier son article sur Jean Eudes et en donner un autre plus conforme à la vérité historique. Il nous semble que sa réputation d'historien n'y aurait rien perdu. « Huet, dit l'abbé De La Rue, n'a rien voulu changer au passage qu'on lit dans *Les Origines*. » C'est vrai ; mais il ne faut pas demander à un homme, qui a certainement pu être de bonne foi, un sacrifice trop pénible pour son amour-propre d'auteur. Ce serait trop exiger de la faiblesse humaine de soutenir que le célèbre prélat aurait dû biffer, aux yeux de tous, ce passage qui, en fin de compte, n'a rien de bien compromettant pour le P. Eudes : il suffit que, de fait, ce premier jugement se trouve réformé par un éloge postérieur donné sans aucune restriction. L'intention est évidente.

Quant à laisser croire que Mgr Molé « fit fermer la chapelle de la Congrégation, parce qu'il pensa que le P. Eudes n'avait obtenu, en 1642, des lettres patentes portant approbation de son Institut, que sur des certificats fabriqués et faussement attribués à son prédécesseur », c'est en vérité trop fort. La supposition que le P. Eudes ait eu l'impudence de fabriquer des certificats est une idée impossible, que n'a pu concevoir sérieusement l'évêque : pourquoi la donner comme la vraie cause de l'interdiction? Les lettres d'institution revêtues du sceau de Mgr d'Angennes existaient; l'évêque pouvait les vérifier et s'assurer de leur authenticité. La raison alléguée est puérile. La fermeture de la chapelle eut pour cause l'hostilité bien connue, d'ailleurs, de Mgr Molé contre la Congrégation de Jésus et Marie.

« *Le P. Eudes*, continue M. De La Rue, *a laissé plusieurs ouvrages ascétiques et tous bien connus.* » Cette fois, l'auteur des *Essais* a rendu un hommage complet à la vérité. Nous pensons même ne pas nous tromper en disant qu'il a dû remarquer surtout le VIIIe livre de l'ouvrage intitulé : *Le Royaume de Jésus*. Il traite de l'humilité d'une manière remarquable dont tout le monde peut faire son profit. On a depuis détaché et publié à part ce VIIIe livre dans un petit opuscule auquel on a donné le nom de *Livre d'or*, et il mérite bien cette qualification.

« *On attribue à Jean Eudes*, ajoute ensuite l'auteur des *Essais, une Vie de Marie des Vallées et plusieurs ouvrages sur les visions de cette béate.* » Les erreurs vont recommencer. Le P. Eudes a réuni sur Marie des Vallées, nous dirons plus loin dans quelles circonstances et dans quel but, des documents que les adversaires ont décorés du nom pompeux de *Vie de Marie des Vallées*, et qu'ils ont donnés comme formant 3 vol. in-4°. Mais encore, il y a in-4° et in-4° ; l'étendue de ces documents, restés manuscrits, et non encore retrouvés, nous est inconnue ; dès lors nous n'en pouvons rien dire. En tout cas, c'est la seule vie que le P. Lelong, de l'Oratoire, ose attribuer au P. Eudes ; et pourtant l'Oratorien est loin de lui être favorable, puisque, laissant de côté tous ses ouvrages, il n'indique que la *Vie de Marie des Vallées* qu'il appelle ironiquement « *le chef-d'œuvre de l'auteur.* » En revanche, il est vrai, il énumère soigneusement les autres écrits publiés sur la pauvre fille, sur la « béate », comme dit M. De La Rue, mais non par le P. Eudes ; voir même le burlesque *factum* de l'abbé d'Aunay. La partialité est-elle assez évidente ? Et puis, quand M. De La Rue, non content sans doute des 3 vol. in-4°, composés par le P. Eudes, sur « cette béate », lui attribue obligeamment la paternité « de plusieurs ouvrages » sur le même sujet, ne dirait-on pas qu'il s'agit d'une nouvelle *Summa theologica*, d'une série d'ouvrages formant une véritable collection, une sorte d'encyclopédie? Comme tout cela est sérieux!

Enfin, dit en terminant l'historien de Caen, « *il existe une histoire manuscrite de la Congrégation des Eudistes, en 2 vol. in-4°, mais elle ne renferme rien d'intéressant.* » Serait-ce par hasard les *Annales* ou *les Fleurs* de la *Congrégation de Jésus et Marie*, que l'auteur des *Essais* traite avec un ton si léger et si expéditif? Tout porte à le croire, puisqu'on ne connaît pas sur le P. Eudes d'autres histoires en 2 vol. in-4°, et que ces ouvrages se trouvant au monastère de Notre-Dame de Charité, dont M. De La Rue a été chapelain en second, de 1780 à 1785, il a pu facilement les connaître et les examiner. Dans ce cas, cette dernière appréciation serait encore très-erronée; car, indépendamment des faits concernant la Congrégation, on y rencontre une foule de détails d'un très-grand intérêt pour la ville de Caen. Vraiment, si M. l'abbé De La Rue a fait hommage à son ancienne communauté de cette nouvelle *Introduction à la vie dévote du P. Jean Eudes*, les chères filles du bon Père ont dû trouver que le langage de leur chapelain d'autrefois n'avait rien « d'ascétique. »

En terminant notre appréciation sur cet article de M. De La Rue, nous tenons à renouveler devant vous, Messieurs, la déclaration que nous avons faite il y a deux ans, dans une séance

de la Société des Antiquaires de Normandie,
où nous avions pareillement réfuté une autre
erreur du même historien. Nous sommes sincèrement reconnaissant envers notre compatriote
des éclaircissements qu'il a apportés sur certains
points de notre histoire locale : ses investigations seront certainement d'un grand secours à
l'historien de l'avenir appelé à écrire d'une manière complète l'histoire de notre chère cité. Dans
le cas où l'auteur des *Essais* serait attaqué sans
raison, si nous pouvions quelque chose, nous
mettrions à le défendre le même zèle que nous
avons apporté à réfuter ses erreurs. Mais, sans
manquer en rien au respect dû à la mémoire de
cet infatigable chercheur, nous croyons pouvoir
dire qu'aujourd'hui il est généralement reconnu
que ses recherches laissent souvent à désirer,
sous le rapport de la critique historique, et que
ses assertions, quand elles ne sont appuyées
d'aucune preuve, doivent toujours être acceptées
sous bénéfice d'inventaire, surtout quand il prend
le ton doctrinal qu'on lui connaît. La vérité vraie,
c'est que M. De La Rue ne connaissait pas la
question du P. Eudes. Pourquoi alors ne pas
dire comme le bon chanoine de Bayeux : *mestre*
Wace de Jersey : « *Jo ne scai* » ; ou comme
Benoît de Sainte-More : « *Ne l'ai pas lu en livre.* »
C'est au moins de la loyauté. Bref, l'article de
M. De La Rue sur Jean Eudes doit être regardé
comme non-avenu.

V.

*Le P. Eudes était-il un orgueilleux qui voulait
à tout prix paraître et se faire un nom?*

Pour tout homme qui a étudié consciencieusement la vie de ce grand serviteur de Dieu,
l'accusation est inouïe et insensée. Durant une
vie active de 53 ans, le P. Eudes apparaît constamment comme la personnification vivante de
l'humilité élevée à un degré éminent, nous dirions presque au plus haut degré où elle puisse
atteindre chez l'homme fortifié par la grâce. Les
deux traits caractéristiques de cette mâle figure
d'apôtre, c'est l'amour de Dieu, impétueux, in-
satiable, l'amour de Dieu aimé par le cœur sacré
de Jésus, le grand médiateur, et par le cœur
très-pur de Marie, « la Mère de belle dilection »,
et une humilité également intense, profonde,
incessante, l'humilité jusqu'à l'anéantissement
du moi humain dans la volonté divine : *Perinde
ac cadaver;* de telle sorte que si ce double caractère était, nous ne disons pas effacé, mais
amoindri dans son intensité, dans son élan,
nous n'aurions plus la physionomie vraie de
notre P. Eudes. L'humilité! elle accompagne,
elle assaisonne, elle pénètre, elle anime ses
livres, ses prédications, ses prières, sa direc-

tion, ses inimitables et délicieuses lettres, sa vie publique et privée, son être tout entier. Nous ne citons pas d'exemples : nous aurions trop à dire ; nous préférons de beaucoup renvoyer aux biographes qui ont écrit cette belle vie. Ses adversaires et ses insulteurs, car c'est ainsi que nous qualifions ceux qui lui ont fait la guerre, n'ont jamais pensé, chose étonnante ! à attaquer sa chasteté ; il eût été prudent, de leur part, de commettre le même oubli pour son humilité. Il est vrai qu'en diminuant « ses croix », auxquelles il attachait un si grand prix, ils auraient diminué d'autant ses mérites et l'éclat de sa gloire. Les outrages de ces « très-grands bienfaiteurs », comme les appelait le P. Eudes, ont donc un bon côté : c'est une heureuse faute, *felix culpa*, répétons-nous avec l'Église.

VI.

Le Père Eudes était-il un hypocrite ?

Lui, un hypocrite ! On ne s'en douterait guère : c'est, au contraire, un caractère tout chevaleresque, allant droit au but, combattant à visage découvert, attaquant le vice à brûle pourpoint, modéré seulement pour ceux qui le maltraitent. En vérité, il faut une dose d'impudence bien forte, il faut appartenir à la secte qui érige le mensonge en système, pour oser jeter à la face d'un tel homme l'accusation d'hypocrisie. Si nous nous arrêtons un instant à cette calomnie vraiment burlesque, c'est moins pour la réfuter que pour ne rien négliger dans cette série d'injures adressées au serviteur de Dieu par d'implacables ennemis. Pour toute réponse, il nous suffit de renvoyer à sa vie. Quant à nous, la main sur la conscience, nous le déclarons devant Dieu, depuis quatre mois, nous avons étudié cette vie du P. Eudes, incessamment, tout le jour, sans désemparer ; nous l'avons étudiée avec cet amour de la vérité, avec cette attention minutieuse des détails qui nous ont valu quelquefois, de la part de nos amis, le reproche de myopie, ce qui ne nous offense guère, et dont nous sommes bien disposé à ne pas nous corriger du tout ; eh bien ! après cet examen attentif, les reproches adressés nous ont paru puérils, quand ils n'étaient pas injustes et indignes. Dans cette longue et grande existence que nous avons fouillée dans tous les recoins, toujours nous avons trouvé matière à une admiration qui allait sans cesse croissant, à mesure que nous étendions le cercle de nos investigations ; les fautes, nous ne les avons rencontrées nulle part. Le vénérable fondateur de la Congrégation de Jésus et Marie, celui qu'on ose nous présenter comme un hypocrite, nous paraît avoir réuni toutes les vertus chrétiennes à un degré éminent. Pourtant, s'il le fallait, nous pourrions signaler quelques peccadilles qui feraient penser à la déposition du cuisinier du bon duc Godefroy de Bouillon (1), bien que, certainement, nous n'ayons en rien la prétention d'empiéter sur les droits de cet important personnage; et l'on se convaincrait, une fois de plus, qu'il n'y a pas de péché, même pour les plus graves personnages, à se dérider un instant dans un examen sur les faits et gestes d'un grand homme et d'un excellent saint.

VII.

Le P. Eudes, malgré sa douceur apparente et son air mystique, a-t-il été haineux?

L'histoire de sa vie à la main, on peut montrer que, depuis sa plus tendre enfance jusqu'à son dernier soupir, jamais la haine ni les désirs de vengeance n'ont eu d'accès dans son cœur. Tout au contraire, sa patience inaltérable au milieu des attaques les plus injustes, en présence de calomnies atroces, de la ruse, de la perfidie, de fraudes inqualifiables, est un phénomène inexplicable, humainement parlant. Quand on le caricaturait de la manière la plus grotesque; quand on le « saturait d'opprobres »

(1) Will. Tyr., l. IX, n. 2.

et qu'on traînait son honneur dans la boue, il
ne voulait pas se défendre, il se taisait : *Ipse
autem tacebat.* Tout au plus, à l'exemple de son
divin Maître souffleté par un grossier valet,
il disait avec calme à ses prêtres et à ses amis
intimes : « Je ne suis pas coupable de la faute
dont on m'accuse ; mais j'en ai commis tant
d'autres que je mérite bien ce châtiment que le
bon Dieu m'envoie. » Trouvant ces croix pro-
fitables à son œuvre, il priait et faisait dire, à
des jours marqués, une messe pour la conversion de ses ennemis, qu'il appelait toujours ses
« bons amis, ses très-grands bienfaiteurs. »
Pour parler et agir de la sorte, durant cette
longue passion qui a duré 37 ans, alors qu'il donnait sa vie pour les hommes, la sagesse humaine
ne suffit pas : il faut être un saint. Un philosophe
perdant patience eût fini par rendre coup pour
coup. Et certes, le vénérable Jean Eudes avait
tout ce qu'il fallait pour répondre, sans trop de
désavantage, à ses adversaires. D'abord, il avait
pour lui l'opinion publique ; il possédait de plus
le talent, la vigueur de style et le coloris, la
verve et la dialectique. Il eût pu, sans beaucoup
de peine, faire des *factums* qui l'auraient facilement emporté sur ceux de ses adversaires.
Une seule chose lui eût pourtant manqué dans
l'espèce : il avait un cœur si bon, il y avait
en lui un si grand besoin d'aimer les hommes,
même quand ils n'étaient pas du tout aimables,

que certainement il n'eût pas su .y mettre de
fiel : or il en faut pour être pamphlétaire ; ses
ennemis le lui ont bien fait voir. Mais, nous le
répétons, alors que le mot du prophète pouvait lui être appliqué , *saturabitur opprobriis,* il
imitait la douceur de son aimable Jésus : « *Quum
malediceretur, non maledicebat ; quum pateretur,
non comminabatur ; tradebat autem judicanti
se injuste.* » Voilà comment l'instituteur de la
Congrégation de Jésus et Marie a connu la haine.
Le P. Martine, né à Vaucelles de Caen, en
1669, et mort, en odeur de sainteté, supérieur
du grand séminaire d'Évreux en 1745, a composé une vie du P. Eudes faite avec méthode,
impartialité et une remarquable discrétion : elle
est suffisamment développée , sans l'être trop ;
elle contient d'importants fragments de lettres
dont l'historien a su faire un excellent usage. Publier cette belle histoire dans laquelle on trouve
une peinture fidèle et vivante de l'époque où a
vécu le grand et infatigable missionnaire, ce sera
la meilleure réponse à faire à ses accusateurs.

VIII.

*Le P. Eudes a-t-il été novateur en religion ;
a-t-il introduit des dévotions inconnues avant lui
dans l'Église?*

Il a été novateur comme l'ont été tous les

saints dont Dieu s'est servi pour instituer dans l'Église des dévotions nouvelles dans la forme, mais découlant des dogmes. La très-sainte et très-adorable Trinité, au sommet ; Jésus-Christ, grand et unique médiateur entre Dieu et les hommes ; Marie « la Mère admirable » nous conduisant à son cher fils, Rédempteur du monde : c'est la doctrine invariable du P. Eudes ; c'est aussi celle de l'Église. Quoi de plus correct que cette théologie-là ? La dévotion au Sacré-Cœur de Jésus et au Cœur très-pur de Marie, *dont il est incontestablement le premier apôtre,* et les fêtes célébrées sous ce vocable, dans la Congrégation des Eudistes, avec l'autorisation des évêques, et déjà dans quinze diocèses, du vivant du P. Eudes, étaient sans doute nouvelles au XVIIe siècle ; mais toutes les fêtes de l'Église l'ont été aussi à un certain moment, répondait, avec raison, le zélé missionnaire de Jésus et de Marie. On ne peut pas créer de nouveaux dogmes, inventer des vérités religieuses ; on peut toujours fournir un aliment nouveau à la dévotion, quand l'objet qu'on lui offre découle de la croyance. En dernier ressort, l'Église est juge ; et elle a donné raison au P. Eudes. Le monde catholique adore le Sacré-Cœur de Jésus, vénère le Cœur très-pur de Marie, et saint Joseph, le saint affectionné de notre Vénérable, est proclamé patron de l'Église universelle.

IX.

La Congrégation de Jésus et Marie était inutile, puisqu'elle poursuivait le même but que celle de l'Oratoire, à laquelle dès lors elle pouvait nuire.

La Congrégation des Eudistes se livrait, il est très-vrai, aux Missions, comme l'Oratoire ; mais elle avait encore pour but principal l'établissement des séminaires destinés à former un clergé instruit et pieux. C'était le but que s'étaient proposé le cardinal de Bérulle et le P. de Condren : le P. de Bourgoing en convenait lui-même en 1648. L'Oratoire avait abandonné l'idée de son saint fondateur relativement aux séminaires, pour ouvrir et diriger de nombreux colléges qui n'étaient pas de nécessité première, puisqu'il en existait de nombreux, de bien fréquentés et de justement estimés. L'établissement des séminaires, au XVIIe siècle, était, au contraire, une question de vie ou de mort pour la société chrétienne, tourmentée par le Protestantisme et battue en brèche par le Jansénisme. L'Oratoire abandonnait tellement le projet de fonder, avant tout, des séminaires, qu'en 1648, sur soixante colléges existants, il n'avait encore qu'un seul séminaire : celui de St-Magloire, à Paris (1).

Le P. Eudes, au contraire, pensait, lui, avec saint Vincent de Paul, M. Olier, M. d'Authier de Sisgau, le cardinal de Richelieu, et tous les plus pieux et les plus savants Évêques de France, qu'il fallait commencer par l'établissement des séminaires l'œuvre de la régénération religieuse et sociale : il avait raison. Mais si, pour ce motif, il crut devoir quitter l'Oratoire, il eut si peu l'intention de faire concurrence à ses anciens confrères, que toujours conciliant, quand il était possible de l'être, il proposa à leur maison de Caen, en 1644, une convention relativement aux missions, de manière à ne pas aller sur leurs brisées et à pouvoir au besoin se faire leur auxiliaire. Les Oratoriens rejetèrent cette aimable et toute pacifique proposition et continuèrent contre lui un système d'attaques que rien ne justifiait. Et pourtant, le P. Eudes, en sortant de l'Oratoire, usait d'un droit que personne ne pouvait lui contester, qui lui était reconnu et garanti par les règlements de la Congrégation. Beaucoup d'autres membres de cette société en avaient usé avant lui, sans qu'on trouvât le moins du monde à reprendre à leur conduite. La raison en est bien simple : en entrant dans la Con-

(1) Hérambourg, De Montigny, Beurier.

grégation, les membres ne se liaient par aucun vœu ; dès lors, le seul changement de volonté permettait d'en sortir, sans mériter aucun blâme. Pourquoi donc avoir refusé au P. Eudes ce droit indéniable ? Pourquoi lui avoir fait la guerre, l'avoir traversé dans sa mission ? C'est que ses anciens collègues ne pouvaient prendre leur parti de perdre un sujet de cette valeur : les résultats vraiment merveilleux obtenus par lui ne faisaient qu'augmenter de plus en plus leurs regrets. Ils ont certainement cédé à cet esprit de rivalité que l'on trouve parfois dans l'histoire des ordres religieux ; rivalité toujours regrettable, et que l'on est heureux de ne plus rencontrer nulle part de notre temps. Depuis le commencement de ce siècle, les ordres religieux ont compris qu'il ne s'agissait plus, en face des progrès du mal, de soulever de mesquines querelles de famille, mais de serrer les rangs contre l'ennemi commun, d'opérer ce que dans l'art militaire on appelle *le mouvement de concentration*, en se pénétrant bien de cette pensée que la bataille gagnée l'est pour l'Église et pour Dieu ; que l'on ne cesse pas d'appartenir à la grande armée chrétienne, parce qu'on ne fait pas partie de la même division ; que d'ailleurs tout le monde ne peut servir dans la même arme, mais que l'armée tout entière a droit à l'honneur de la victoire. Nous pensons donc entièrement comme le savant P. Perraud ;

aussi, c'est avec une bien grande jouissance
que nous avons trouvé cette pensée exprimée,
comme toujours, d'une manière si éloquente,
dans sa remarquable histoire de l'Oratoire.
Mais, en fin de compte, le procès étant instruit
devant l'histoire et devant la Cour de Rome,
sans l'intention coupable de réveiller des luttes
heureusement mille fois mortes, il faut cependant savoir et dire qui a eu tort, qui a eu
raison dans ce différend. Eh bien ! l'impartialité historique oblige à déclarer que les torts ne
sont pas du côté du pieux fondateur de la Congrégation des Eudistes. Au milieu de cette oppo-
sition qui a duré trente-sept ans et qui continuait
encore à sa mort, le vénérable P. Eudes, soutenu par la grâce de Dieu, a toujours été un mo-
dèle achevé de charité, d'humilité et de patience ;
et voilà surtout ce qui le fait grand aux yeux
de la postérité. Incontestablement, les P. P.
de l'Oratoire auraient dû se rappeler davantage
les paroles du divin Maître : « *Nolite prohibere
eum. Nemo est enim qui faciat virtutem in no-
mine meo et possit cito male loqui de me. Qui
enim non est adversum vos, pro vobis est* (1).
Nous aimons à croire que les P. P. de l'Oratoire ne se déclarèrent pas tous également
contre le P. Eudes. Comme toujours, à côté des
ardents, il y eut les modérés : les reproches

(1) Marc, IX, 38, 39.

doivent dès lors s'adresser, non à l'Ordre entier, mais à ceux de ses membres qui mirent la gloire de leur Congrégation avant les intérêts de l'Église.

On a dit que le P. Eudes avait abandonné la Congrégation de l'Oratoire parce qu'il la voyait se prêter docilement aux doctrines jansénistes. Le R. P. Le Doré, sans assigner nullement ce motif à la sortie de son vénéré maître, dit, en effet, qu'au moment où il quitta l'illustre Compagnie, « ses membres étaient déjà en proie au Jansénisme (1). » Nous pensons que l'hérésie janséniste ne fut pas la vraie cause de la retraite du vénérable serviteur de Dieu. Le P. Martine, le plus judicieux et le plus complet des biographes du P. Eudes, dit formellement que cette sortie fut motivée par la question relative à l'établissement des séminaires ; et il déclare, avec une bonne foi qui lui fait honneur, qu'après avoir consulté tous les documents conservés dans sa Congrégation, il n'a rien trouvé qui autorise à croire que l'apparition du Jansénisme dans l'Oratoire ait amené le départ du saint fondateur de la Congrégation de Jésus et Marie. Héritiers de la charité de leur maître, les Eudistes sont toujours prêts à défendre leurs adversaires contre des reproches sans fondement ; cette noble con-

----

(1) Ch. LXV. — « Après la mort du P. de Condren, la contagion gagna la plus grande partie du corps. » *Hist.* de M. Olier.

duite fait leur éloge : aussi bien, leur cause n'a rien à y perdre. Quant aux Jansénistes, nous ne leur ferons pas l'honneur d'un article spécial : ennemis de l'Église, ils devaient nécessairement faire une guerre implacable à l'homme qui était alors son plus vaillant champion.

X.

A Rome, on objecta que les PP. Lazaristes, s'occupant également de l'œuvre des missions et de l'établissement des séminaires, ce serait élever autel contre autel que d'autoriser un nouvel ordre poursuivant exactement le même but.

A cela, il est facile de répondre que si le but poursuivi était le même des deux côtés, la nature des deux Instituts était cependant bien différente. Les PP. de la Mission formaient un ordre véritable, astreint aux trois vœux solennels de Religion, indépendant des Ordinaires et ne relevant, pour le spirituel, que du Saint-Siége. La Congrégation de Jésus et Marie, au contraire, était une société de prêtres séculiers réunis librement, sans faire aucun vœu, sous l'ordre d'un supérieur, pour venir en aide au clergé des paroisses, former de bons prêtres pour les diocèses confiés à leurs soins, et toujours prêts, sur le moindre signe de l'Ordinaire auquel ils juraient obéissance, sans être pour cela moins dévoués envers le Saint-Siége, à porter la parole de Dieu sur le point du diocèse où ils étaient appelés à exercer leur zèle. La différence est notable. De plus, les PP. Lazaristes étaient alors dans l'impossibilité la plus complète de fonder des séminaires et de donner des missions partout où le besoin s'en faisait sentir, c'est-à-dire dans tous les diocèses. En 1673, ils n'avaient encore fondé que seize séminaires : le secours offert par le P. Eudes était donc précieux. On n'élève pas autel contre autel, parce que, rangé sous une bannière particulière au-dessus de laquelle flotte l'enseigne de l'Église, on poursuit un but identique, on combat le grand et saint combat, en jetant le même cri de guerre : Dieu et le salut des âmes ! A la vigne du Seigneur, il doit toujours y avoir place pour tous les ouvriers de bonne volonté.

XI.

Le P. Eudes n'a pu obtenir du Saint-Siége l'institution canonique de sa Congrégation.

C'est vrai ; mais la faute en a été aux manœuvres, aux rivalités jalouses, aux accusations mensongères et perfides, aux intrigues incessantes de ses nombreux, puissants et implacables adversaires, toujours prêts à le traverser en tout et partout. La Cour de Rome procède toujours avec une sage lenteur dans ces sortes de questions ; comment aurait-elle pu ne pas tenir compte de toutes les objections élevées contre un institut naissant qu'on lui représentait comme dénué de moyens d'existence et par conséquent sans avenir ? Mais si elle n'a pas donné de lettres apostoliques à la Congrégation de Jésus et Marie, elle l'a fortement encouragée comme une institution éminemment sainte et utile ; elle l'a comblée de faveurs spirituelles qui témoignaient bien du grand désir qu'elle avait de la voir s'affermir et s'étendre. Cela suffit : le reste est une question de forme.

XII.

Pour faire approuver sa Congrégation, le P. Eudes avait cependant pris l'engagement de soutenir le Saint-Siége, même dans les questions douteuses.

Cet engagement ridicule a été pris, non par le P. Eudes, mais par un prêtre flamand, l'abbé Boniface, envoyé à Rome avec mission de s'occuper *uniquement* de l'Institut de Notre-Dame de Charité. Croyant bien faire, ce mandataire sans jugement dépassa ses pouvoirs. Le P. Eudes, qui lui avait formellement défendu de s'occuper de sa Congrégation, n'a été pour rien dans cet engagement blâmable. La forme même dans laquelle l'acte est rédigé et l'absence de signature montrent bien qu'il n'émanait pas du supérieur de la Congrégation des Eudistes. D'ailleurs, l'abbé Boniface a reconnu et déclaré par écrit que le P. Eudes n'était pour rien dans cette démarche faite complètement à son insu : la question est donc jugée.

XIII.

Le P. Eudes a favorisé les illusions d'une certaine Marie des Vallées, du diocèse de Coutances ; il a écrit trois vol. in-4° sur la vie de cette illuminée et institué en son honneur la fête du Cœur très-pur de Marie. L'Official de Coutances, après une information juridique, a condamné le jugement du P. Eudes et les illusions de sa béate.

Tout, dans cette accusation inouïe, est exposé d'une manière inexacte et déloyale. Sans entrer dans le fond de la question relative à la sœur Marie des Vallées, qu'il ne nous appartient pas de juger, nous nous bornerons à rétablir, conformément à la vérité historique, les faits exposés d'une manière infidèle dans l'objection des adversaires.

Des faits d'un caractère insolite, extraordinaire et vraiment mystérieux, ayant été constatés dans la vie de cette pieuse fille, Mgr de Matignon, évêque de Coutances, chargea le P. Eudes (1641) d'informer sur lesdits faits et de lui en adresser un rapport circonstancié. Le P. Eudes, après un examen sérieux, crut y remarquer un caractère surnaturel; et il en rendit compte dans ce sens à l'évêque, son supérieur légitime. Naturellement, il dut consigner par écrit les témoignages relatant les faits accomplis, les discuter et conclure. S'il eût agi autrement, on aurait eu le droit de l'accuser d'ineptie. Comme ces faits extraordinaires ont duré de longues années, les documents réunis par le P. Eudes pour servir dans le procès à instruire, et non pour composer une vie en l'honneur de Marie des Vallées, ont pu équivaloir à trois cahiers plus ou moins forts, que l'on donne comme formant 3 vol. in-4°. On a donc le droit de nier que. le P. Eudes ait écrit, à proprement parler, la vie de Marie des Vallées.

En 1656, après la mort de cette fille, M. Bazire, grand vicaire de Mgr Auvry, qui avait succédé à Mgr de Matignon, malgré la défense de son évêque retenu par ses fonctions à Paris, fit, sans droit, diverses procédures conduites de plus, d'une manière fort peu loyale, dans l'intention d'arriver à flétrir Marie des Vallées et surtout à bafouer le jugement porté par le P. Eudes. Par là, le vicaire général montrait qu'il était digne de prendre rang parmi les sectaires jansénistes, ennemis déclarés du serviteur de Dieu. Mais l'évêque mécontent, à bon droit, des menées du grand vicaire, dont la résistance s'affirmait de plus en plus dans des lettres qu'il lui écrivait sur un ton fort peu poli, lui intima l'ordre de se rendre à Paris pour comparaître, en même temps que le P. Eudes, devant une Commission composée de trois docteurs en Sorbonne des plus distingués, et de trois savants Pères Jésuites, chargés d'examiner la question. Après un examen long, minutieux, approfondi, les juges, *à l'unanimité*, approuvèrent le jugement porté par le P. Eudes, blâmèrent la conduite du grand vicaire et rendirent un bel hommage à l'éminente piété de la sœur Marie des Vallées ; déclarant, en outre, que les faits observés par les hommes les plus honorables de la région paraissaient bien avoir un caractère surnaturel. L'évêque rendit une sentence dans ce sens, réservant toutefois le jugement définitif au Saint-Siége. Donc, c'est le P. Eudes qui a eu gain de cause dans cette question, et **M.** Bazire qui a été condamné : c'est clair. Eh bien ! voici comment cette affaire a été résumée dans le célèbre manuscrit de l'*Athénæ Normannorum* du P. Martin, moine cordelier de la maison de Caen, un janséniste modéré.

Après avoir représenté Jean Eudes, terrifiant ses auditeurs par sa formidable voix de stentor, le **P.** Martin ajoute :

« Mariæ cujusdam de Vallibus favit illusio-
nibus, quas constantiensis officialis judicis ven-
tilarunt juridicæ inquisitiones. » C'est tout ; le
reste est mis sous l'éteignoir. A la bonne
heure ! Voilà de la bonne foi : « *Ab uno, disce
omnes.* »

Voici qui n'est pas moins fort. *Secouru,*
sans doute, par *un beau désespoir*, M. Bazire
ne perdit pas courage. De retour à Coutances,
sans s'inquiéter de l'ordonnance de son évêque,
il rendit, à son tour, un arrêt de condamna-
tion contre les illusions de Marie des Vallées,
de sorte que c'était le jugement du grand
vicaire qui cassait celui de l'évêque. N'était-il
pas *prodigieux* et vraiment *facétieux*, ce grand
vicaire de Coutances ?

Quant au pamphlet dans lequel l'abbé d'Aunay
reproche au P. Eudes d'avoir institué la fête du
Cœur très-pur de Marie en l'honneur de sa
béate, d'en avoir fait une quatrième personne
en Dieu, un nouveau Messie, etc, nous n'en
dirons qu'un mot : il est ignoble. Si un homme
de la valeur de M. Delaunay-Hue, grand vicaire
de Bayeux, crut devoir le réfuter, c'est qu'alors
il y avait avantage à le faire. Aujourd'hui, on
peut se borner à y répondre par le mépris. Quand
on voit un prêtre accoler les noms les plus saints
à des calomnies grotesques et indécentes, on
baisse les yeux et on gémit dans son cœur. Du
reste, on peut tout attendre d'adversaires ca-

pables de corrompre le secrétaire d'un supérieur
de communauté pour se faire livrer ses papiers
et les publier interpolés et travestis. De notre
temps, de pareils faits bien prouvés condui-
raient leur auteur tout droit en police correc-
tionnelle. L'indécent pamphlet de l'abbé Dufour
démontre combien il était nécessaire que le P.
Eudes fondât des séminaires pour donner à
notre province des prêtres dignes, pieux et vraiment instruits dans la science de Dieu.

XIV.

*On peut reprocher au P. Eudes d'avoir voulu,
de fait, et malgré ses déclarations contraires,
s'affranchir de l'autorité des évêques, agir sans
les consulter et sans se soumettre à leur con-
trôle.*

C'est le contraire qui est vrai : tous les
auteurs qui ont écrit sur la vie du vénérable
serviteur de Dieu l'attestent et en donnent la
preuve. Toujours, il a été rempli de la soumission la plus profonde envers les évêques. Il les
consultait dans toutes les affaires importantes :
il a eu leur approbation et leur admiration.
Mgr d'Angennes lui écrivait que « les lois de son
diocèse n'étaient pas faites pour le P. Eudes. »
Tous les évêques de Normandie, pour ne parler

que de cette province, le conjuraient de venir
donner des missions dans leurs diocèses res-
pectifs ; ils le regardaient comme un saint et
lui confiaient la direction de leurs séminaires.
Leur correspondance avec l'homme de Dieu
pourrait former un livre d'or, qui en dirait plus
que tous les panégyriques les plus élogieux.
Nous en donnerons quelques courts extraits à
la fin de ce travail. Seul, Mgr Molé l'a persé-
cuté d'une manière inouïe : c'est fâcheux pour
cet évêque et heureux pour l'instituteur de la
Congrégation de Jésus et Marie. Jamais le
bon P. Eudes n'a été plus grand, plus admirable que durant cette dure persécution. Tous
ces grands évêques auraient-ils eu pour lui cette
vénération, cette confiance sans bornes, s'ils
l'eussent regardé comme un prêtre hautain,
impérieux et insubordonné ? Les règles de la Congrégation imposent la soumission complète envers
l'Ordinaire de chaque diocèse ; et le P. Eudes
s'est toujours montré le fidèle observateur de
cette loi écrite en tête des constitutions de tous
les établissements qu'il a fondés.

XV.

*Le P. Eudes a cependant fait enregistrer au
Parlement de Normandie les lettres patentes
données par le Roi, sans en demander l'autori-*

sation à Mgr Molé. C'était bien un manque de soumission et de respect envers l'Ordinaire du diocèse.

La Congrégation de Jésus et Marie existait, depuis 1643, en vertu des lettres patentes du Roi et des lettres d'institution délivrées en bonne et due forme par Mgr d'Angennes. En 1650, les lettres du Roi n'avaient pas encore été entérinées par le Parlement de Normandie; il fallait se hâter de remplir cette formalité, dont la non-exécution dans les délais donnés enlevait à la Congrégation le droit d'exiger le paiement des rentes constituées en sa faveur. Mais cet enregistrement était un acte ordinaire d'administration qui ne regardait que le fondé de pouvoir de la Société. Il eût été très-imprudent de la part du P. Eudes, vu les mauvaises dispositions bien connues de Mgr Molé pour la Congrégation, de l'entretenir de cette affaire qui ne requérait en rien son intervention. L'évêque, dont l'objectif était la suppression de l'Institut, n'eût pas manqué de susciter des difficultés, de mettre des entraves, comme il le fit lors de la fondation de Notre-Dame de Charité : les intérêts de la Congrégation auraient été gravement compromis. Le P. Eudes, en agissant par lui-même, usa d'un droit incontestable sans violer en rien les droits de l'évêque : sa conduite, sur ce point, est encore irréprochable.

XVI.

« *On reprocha au fondateur des Eudistes*, dit le dictionnaire biographique d'Hoefer, *d'avoir trompé la bonne foi royale en sollicitant l'autorisation de former une Compagnie ou Société n'ayant qu'une seule maison à Caen (1) et un nombre limité de membres, tandis qu'il prenait ouvertement le titre de chef de Congrégation, recrutait chaque jour de nouveaux disciples et créait des succursales dans tout le royaume.* »

Notre réponse sera courte. On possède encore les lettres patentes accordées au P. Eudes. Qu'on les lise ; on verra qu'elles ne contiennent aucune restriction.

XVII.

Le P. Eudes, malgré toute sa mysticité, ne dédaignait pourtant pas les faveurs des puissants du siècle, et savait parfaitement descendre à temps des hauteurs de la vie contemplative pour ramasser les offrandes qu'il trouvait bien moyen de se faire adresser : c'était donc un intrigant.

L'argument n'est pas sérieux. Le P. Eudes,

(1) Le Dictionnaire de Moréri dit à Bayeux.

entreprenant de fonder des établissements utiles à l'Église et à la société, devait bien prendre les moyens d'en assurer l'existence et le succès. S'il eût agi autrement, il eût oublié le précepte de l'Évangile et les lois du sens commun. Il ne resterait vraiment plus qu'à lui intenter un procès pour avoir eu en Dieu une confiance inébranlable et l'avoir prié de bénir son œuvre. Au point de vue de la sagesse humaine, on pourrait lui reprocher, au contraire, de n'avoir pas été assez intrigant. S'il l'eût été un peu plus, il aurait certainement pu obtenir du grand Roi, admirateur de sa sainteté et de ses œuvres, des secours qui lui auraient permis de terminer lui-même sa chère église du séminaire de Caen. A la fin de la Mission de Versailles, il ne reçut de Louis XIV qu'une somme de 2,000 livres pour aider à la construction de cet édifice; et il ne l'avait pas sollicitée. Il faut voir, dans le P. Martine, les précautions minutieuses qu'il prenait toujours dans la crainte de paraître donner ses Missions par amour de l'argent. En fait d'intérêt, il n'en a pas connu d'autre que la gloire de Dieu et le salut de ses frères.

XVIII.

On peut lui reprocher d'avoir été le fauteur des excentricités dans lesquelles tombèrent les habitués de l'Hermitage, puisqu'il était l'ami de M. de Bernières qui avait fondé cette réunion.

M. de Bernières avait réuni à l'Hermitage un certain nombre de pieux jeunes gens qui se conduisirent d'une manière irréprochable tant qu'ils eurent la direction et les conseils de cet homme de bien. Après sa mort, ne suivant plus que les rêves d'une imagination en délire, ils entreprirent une campagne véritablement burlesque, mais vertement condamnée par le P. Eudes. Le pieux ami de M. de Bernières n'était pour rien dans l'échauffourée de ces jeunes fous. Si les accusateurs avaient mis leur argument en règle, ils auraient vu que leur DONC n'était pas très-orthodoxe.

XIX

Quant à la formule d'invocation : « *Ave, Cor Jesu et Mariæ, te adoramus* », comme elle a un caractère purement théologique, nous nous bornons à dire que dans cette sorte d'identité établie par le P. Eudes entre les deux cœurs de Jésus et de Marie, il s'agit d'une union purement morale : le fait est hors de doute, et la preuve s'en trouve à chaque page dans les ouvrages du serviteur de Dieu. Citons seulement deux ou trois textes : ils sont bien significatifs et tranchent complètement la question dogmatique : « Les deux cœurs, écrivait-il à une abbesse de l'ordre de St-Benoît, n'en font qu'un par unité d'esprit. » — « Notre dessein a toujours été, dès le commencement, d'honorer ces deux cœurs comme un même cœur, en unité d'esprit, de sentiment, de volonté et d'affection (1). » — « Le cœur de Jésus est mon cœur. » — « Je me donne à vous, ô mon Sauveur, de tout mon grand cœur, c'est-à-dire de tout votre cœur, qui est le mien (2). » Dans l'invocation *Ave*, etc., le P. Eudes, par l'expression hardie, peut-être même un peu forcée, qu'il emploie, ne veut exprimer qu'une idée vigoureusement accentuée : l'union intime qui existe entre le Cœur de Jésus et celui de Marie. Le cœur de la mère disparaît comme absorbé dans celui du fils : de là, le *te adoramus*. L'expression peut être exagérée, hardie à l'excès : mais elle doit être interprétée dans le sens de l'auteur ; ainsi comprise, elle ne donne lieu à aucune erreur théologique.

———

Restent enfin les grossiers outrages des insulteurs : nous les reproduisons dans toute leur crudité.

(1) Lettre pour l'établissement de la fête du Sacré-Cœur de Jésus, en 1672.

(2) « Les deux cœurs n'en font qu'un moralement. » (Martine, l. VIII, p. 684).

XX.

« *Le P. Eudes a été un brouillon, un agitateur dangereux pour la tranquillité de l'État, un hérétique, un impie, un blasphémateur..... un janséniste !* »

Un janséniste ! C'est le cas de dire : *Finis coronat opus.* S'il fallait répondre à cela, il n'y aurait qu'un argument à employer contre ces insulteurs : celui dont se servit Sidoine Apollinaire envers les profanateurs du tombeau de ses ancêtres : *Torsi latrones.* Hâtons-nous cependant de dire que la main vigoureuse qui administra si prestement *aux larrons* le châtiment, qui n'alla pourtant pas jusqu'au meurtre, n'avait pas encore porté la crosse d'évêque (1).

En rencontrant toutes ces accusations injustes dirigées contre ce grand serviteur de Dieu, on sent bouillonner l'indignation dans son âme. Le digne apôtre avait la charité d'excuser, de défendre même ses persécuteurs ; l'historien n'est pas tenu à pousser si loin l'esprit de charité : la justice est avant tout sa loi. Aujourd'hui, l'impartiale histoire a porté son jugement sur l'Instituteur de la Congrégation de Jésus et Marie

(1) S. Sidonius, *Ép.*, III, 12. — Ampère, *Hist. litt.*, II, 233.

et de l'Ordre Notre-Dame de Charité : l'avenir n'aura rien à y changer. Les persécuteurs du P. Eudes ont été envers lui d'une injustice et d'une déloyauté révoltantes : s'ils lui refusaient leurs sympathies, au moins devaient-ils confesser la grandeur de ses œuvres et y reconnaître le doigt de Dieu. L'homme honnête, loyal, et véritablement ami du bien, pouvait, durant la vie même du P. Eudes, revenir vite des injustes préventions qu'on aurait réussi, un moment, à lui faire concevoir contre un saint de cette taille. On sait avec quelle noblesse, avec quelle grandeur d'âme, Mgr Servien demanda pardon à l'homme de Dieu de la manière dont il l'avait jugé tout d'abord. C'est une scène qui tire les larmes et fait battre le cœur, que cette lutte généreuse entre le P. Eudes prosterné aux pieds de son évêque pour l'empêcher de lui offrir ses excuses, et l'évêque confessant hautement, en l'embrassant, que, sans le savoir, il avait traité avec une rigueur que rien ne justifiait, un apôtre qui était l'instrument de Dieu pour la régénération de son diocèse (1). Si quelque chose étonne quiconque étudie consciencieusement la vie du vénérable P. Eudes, c'est qu'on ait attendu deux siècles avant de s'occuper de sa canonisation. Mais Dieu a ses desseins providentiels : comme toujours, ils tourneront à sa

____

(1) Martigne, l. IV, p. 351.

gloire, à la glorification de son serviteur et au triomphe de la sainte Église. « Parmi les chrétiens, il n'y a pas de hasard », répétons-nous avec le P. Eudes. Le vaillant missionnaire a combattu 53 ans, sans repos ni trève, pour la gloire de Dieu et le salut des âmes ; ses états de service sont glorieux : ce sont les états de service d'un héros de la charité. Que ses adversaires montrent les leurs (1). Nous tenons à le dire en terminant : si quelque chose nous a encouragé et soutenu dans ce travail, c'est la pensée que bientôt, suivant l'expression de Bossuet, « l'éloge de ce grand homme se fera en ce lieu auguste où se prononcent les oracles du christianisme (2). » Oui, bientôt, nous en avons la douce confiance, la sainte Église romaine, l'Église mère et maîtresse des églises particulières, montrera dans toute sa grandeur au monde catholique l'infatigable apôtre de Jésus et Marie, en déposant sur son auguste front l'auréole des saints.

(1) On n'a pas d'idée, à notre époque, des Missions données par le P. Eudes. Elles duraient généralement deux mois, et occupaient, dans les villes, jusqu'à 20 et 30 missionnaires. Des églises comme Saint-Etienne de Caen ne pouvaient contenir les foules qui venaient, de 8 et 10 lieues à la ronde, et atteignaient parfois le chiffre de 15, 20, 30 et même 40,000 auditeurs ou assistants, Les prédications, dans ce cas, avaient lieu en plein air. On n'avait rien vu de pareil depuis saint Vincent-Ferrier. Le P. Eudes a donné lui-même, 110 ou 112 grandes missions.

(2) Panégyrique de saint François de Sales.

NOTES ET PIÈCES JUSTIFICATIVES.

Lettre de recommandation donnée au P. Eudes
par le supérieur de l'Oratoire de Caen (1).

« *En exécution des ordres de nostre révérend Père*
général, je soussigné, prestre de la Congrégation de
l'Oratoire et supérieur de la maison de Caën, atteste
que nostre bien aimé Jean Eudes, prestre du diocèse
de Seez, fort considéré dans nostre Congrégation, a
toujours paru, chez vous comme parmy nous, orné de
vertus, de science, de modestie, de mœurs pures, et
mener une vie édifiante, et qu'il ne s'est porté à aller
chez vous que dans la seule vue et par les mouvemens
de la charité chrétienne, de la gloire de Dieu et du
salut des âmes. On peut donc, en cette considération,
luy confier sûrement le soin et l'instruction des fidèles,
ainsi que la prédication de la parole de Dieu et l'ad-
ministration des sacremens, surtout dans les lieux où
la misère du temps et la peste causent la disette des
prestres. C'est la grâce qu'il nous a demandée avec
des instances réitérées, que nous n'avons pu luy re-
fuser, et que nous exposons à votre prudence. L'ordre

(1) En 1627, Jean Eudes, âgé de 26 ans, accourut, à pied, de
Paris, pour assister les pestiférés du diocèse de Séez.

de la charité demandoit qu'il fist part de ses talens au pays qui luy a procuré la vie, la grâce et l'ordination; et que son propre diocèse fust le premier à recueillir les fruits qu'il a droit d'attendre de sa capacité, de sa piété, de sa sagesse, de son travail et de sa propre vie. Nous prenons donc la liberté de vous l'envoyer, nous qui sommes vos serviteurs en Jésus-Christ, après luy avoir donné nostre bénédiction, pour en recevoir une autre plus grande et plus abondante de vostre part, qui luy donnera le moyen de veiller utilement sur les besoins des siens et mesme des vostres si la nécessité le requiert, le tout sous vostre authorité. Comme il ne manquera pas de donner libéralement ce qui dépendra de luy, nous espérons que vous ne luy refuserez pas le nécessaire. »

Donné à Caën, le 13ᵉ d'aoust de cette année 1627.

ALLARD.

Lettre de M. de Répichon à M. Bernard, curé de Carantilly (diocèse de Coutances).

« ..... *J'ay été étonné que l'on chargeast le P. Eudes de plusieurs calomnies, touchant le dessein qu'il a entrepris, disant qu'il m'a détourné de donner à l'Oratoire ce que j'ay donné à sa Compagnie : je veux bien que l'on sache que je n'y avois jamais pensé, ni de donner ailleurs ce que j'ay donné pour aider à l'établissement de son Institut.* »

DE RÉPICHON.

25 mai 1645.

Lettre de M. de Renty au P. de Boisne, supérieur de l'Oratoire de Caen.

Mon Révérend Père,

J'ay appris du gentilhomme qui a porté une lettre de ma part à M. de Blérencour, que vous étiez étonné que j'écrive en faveur du P. Eudes. Je vous estime trop et j'honore tant vostre sainte Congrégation, que je ne peux tarder davantage à vous éclaircir sur ma conduite. Pendant que j'ay entendu parler d'une Congrégation qui pouvoit avoir rapport à la vostre, je n'ay nullement pu goûter ce dessein; mais à présent que je vois des prestres assemblez qui désirent avec le P. Eudes, et même sans luy, servir l'Église, selon l'intention du Concile de Trente, dans un séminaire, je voudrois contribuer à cette œuvre dans tous les diocèses du monde, s'il m'étoit possible; et quand vos maisons avec cela seroient multipliées au quadruple, il y auroit encore assez de besoigne, sans s'arrêter et s'occuper les uns des autres. Plust à Dieu que tous prophetisassent, par occasion ou autrement! Pourvu que Jésus-Christ soit annoncé, c'est le principal.

J'ay connu les grands talens du P. Eudes dans les emplois où je l'ay vu, et les grands fruits que peuvent produire Messieurs ses confrères: il est vray que cela me les fait estimer; mais c'est sans rien diminuer de l'estime que j'ay des dignes con-

serviteurs du même Maîstre. Saint Paul ne m'apprend point à diviser Jésus-Christ, mais à désirer que tout se passe sans zèle amer et sans contention, selon la charité qui est bénigne, etc., ainsi que vous l'enseignez, et que je m'estime heureux de l'avoir appris du Saint-Esprit qui anime vostre corps. Ce qui m'a le plus étonné, c'est que vous dites que le P. Eudes tient tout ce qu'il scait de chez vous, et qu'il le va distribuer ailleurs. Pardonnez-moi si j'ose vous dire mon sentiment, lequel je tiens du très-digne P. de Condren : que ce seroit une grande grâce à la Congrégation, si elle pouvoit fournir quantité de bons ouvriers à l'Église, et donner des membres de son corps pour utilement remplir celuy qui est hiérarchique. Je scais que beaucoup d'entre vous le font, sans se séparer de la Congrégation; mais comme il y a toute liberté, il n'y a point de péché à le faire, ni partant sujet de blâmer celuy qui a eu peut-être juste sujet de le faire. Je dis peut-être : parce que Dieu a d'autres ressorts sur les cœurs que ceux de nostre portée.

Tout ce que dessus, avec la connoissance de M. de Répichon de Lion, lequel m'a tesmoigné ses naïves intentions pour la fondation en question, m'a fait croire ne rien faire contre vous, de dire que c'est une bonne œuvre utile et souhaitable que celle que le saint Concile de Trente inspire si fortement. Nous en connoissons assez le besoin, et beaucoup de nos seigneurs les évesques soupirent aprez. Je supplie mon Dieu qu'il les multiplie et vos institutions aussy, et que vous me croyiez cordialement serviteur de la Congrégation et de vous à qui je fais re-

proche d'être venu à Vire, sans vous estre servi de cette maison.

Je suis, mon R. P. vostre très-humble et très-obéissant serviteur.

Gaston DE RENTY.

Au Bény, le 3 septembre 1646.

Affaire de Marie des Vallées. Déclaration du P. Eudes.

Je soussigné, prestre du séminaire de Caën, déclare à Mgr l'illustrissime et révérendissime évesque de Bayeux, mon Prélat, qu'il y a plusieurs années ayant été obligé par les ordres de M. de Matignon, pour lors évesque de Coutances, de prendre la conduite de Marie des Vallées, native de son diocèse, j'ay cru qu'il étoit de mon devoir, pour rendre un compte exact de l'esprit et intérieur de cette fille, de recueillir et de mettre par écrit tout ce que j'en ay pu apprendre, tant de plusieurs personnes d'une doctrine et d'une piétié singulières, qui l'avoient connue ou dirigée, plusieurs années avant moi, que ce qui est venu à ma connaissance depuis que j'en ay pris la conduite, mais qu'en cela je n'ay point eu d'intention d'en composer un livre pour le publier, ny de donner ces choses pour des vérités indubitables, mais seulement comme des mémoires, et comme un récit sur lequel mes supérieurs pussent porter tel jugement qu'il leur plairoit. Que si j'y ay ajouté, en quelques endroits, des réflexions, ce n'a été que pour leur proposer de quelle façon ces choses se pouvoient expliquer et entendre ; mon dessein n'étant point que d'autres qu'eux vissent ces écrits : de sorte que, s'ils se trouvent aujourd'hui en d'autres mains, comme j'entends que quelques personnes disent en avoir, cela est arrivé par la négligence ou par l'infidélité de quelques-uns de mes amis, auxquels je les avois confiés sous la bonne foy, pour les voir seulement en leur particulier, qui en ont pris ou laissé prendre des copies, à mon insu et contre ma volonté. Ensuite, quelques gens mal intentionnés, non seulement les ont confondus et meslés avec d'autres écrits qui avoient déjà été faits par d'autres personnes sur le même sujet, mais encore les ont tronqués et altérés, en plusieurs endroits, pour avoir lieu de leur donner des interprétations sinistres et criminelles. Après tout, je reconnois que je ne suis pas impeccable ny infaillible ; mais que de moy-même je serois capable de tomber en toutes sortes d'erreurs, si la bonté divine ne m'en préservoit ; et je reconnois avec le grand saint Augustin que je suis redevable à la grâce de Dieu, non seulement du peu de bien que je fais, mais encore de tout le mal que je n'ay pas fait. Au reste, s'il se trouve dans les écrits qui sont véritablement de moy, quelque expression trop forte, ou quelque proposition qui ne soit pas entièrement conforme à la doctrine commune de l'Église, je suis prêt et disposé à la rétracter sincèrement de bouche et par écrit, et de soumettre tout ce que j'ay écrit et tout ce que j'écrirai jamais au jugement et à la correction de la très-sainte Église catholique, apostolique et romaine ;

et spécialement de M. mon évêque, entre les mains duquel j'ai remis tous mes écrits, afin qu'il en juge et qu'il en ordonne de la manière qu'il plaira à Dieu de lui inspirer ; et me soumets entièrement à son jugement. Fait à Caën, ce 25ᵉ jour de Juin 1675 (1).

JEAN EUDES.

Noms des personnages les plus importants qui ont pensé comme le P. Eudes, dans l'affaire de Marie des Vallées.

Mgr de Joyeuse, archevêque de Rouen, et son coadjuteur et successeur, Mgr de Harlay, Mgr de Briroy, Mgr de Matignon, Mgr Auvry, évêques de Coutances, M. Le Pileur, grand-vicaire de Coutances, puis de Lisieux, directeur de la sœur Marie des Vallées, docteur en théologie, Mgr de Laval Montmorency, premier évêque de Québec, Mgr de La Mothe-Lambert, évêque de Beyle, MM. Morel, Cornet, Séguier, ce dernier théologal de Paris, docteurs en Sorbonne, les PP. Jésuites Boucher et Hayneuve, M. l'abbé Blancpignon, le fameux P. Coton, le P. de Saint-Jure, le P. Lezeau, le P. Jean Chrysostôme, provincial, et l'une des gloires des Pénitents de St-François, le célèbre Dominique Georges, abbé du Val-Richer, M. de Rancé, M. Delaunay-Hue, docteur en Sorbonne, théologal et grand-vicaire de Bayeux, qui réfuta le *factum* de l'abbé d'Aunay, à la

(1) *Ann. de la Congr. de Jésus et Marie*, t. I, p. 310.

demande de l'abbé du Val-Richer, et de M. Duhamel docteur en théologie, MM. Blocet et Montaigu, M. de Bernières, trésorier de France, M. de Renty et M. Boudon. En 1674, tous les évêques réunis à l'Assemblée provinciale de Meulan, qui se tint sous la présidence de Mgr de Harlay, archevêque de Paris, rendirent hommage à l'orthodoxie et à la vertu du P. Eudes, dans cette affaire de Marie des Vallées, pour laquelle on l'incriminait. Citons, en terminant, les paroles de Son Excellence le Cardinal Archevêque de Besançon, Mgr Mathieu, dans la vie de M. Boudon : « La direction de Marie des Vallées, dit-il, causa d'abord au P. Eudes autant de traverses et de mortifications, qu'elle lui fit d'honneur par la suite. »

Jugement porté sur le P. Eudes par divers auteurs du XVIIᵉ siècle.

TÉMOIGNAGE DE HUET.

Feralis fuit hic annus Johanni Eudæo Presbytero, Francisci Mezeræi fratri, cum jam octogenario major esset (1).

Is singulari sua virtute et ardentissima pietate, me ad sui amorem et admirationem jam allexerat. Inanem hic sumerem operam, si laudes prosequerer hominis, quem infiniti ad promovendum Dei cultum,

____

(1) Le V. P. Eudes est né le 14 novembre 1601, et il est mort le 19 août 1680. Il n'avait donc pas plus de 80 ans, mais bien 3 mois moins de 79 ans.

*et animarum procurandam salutem suscepti labores,
ac piissimæ etiam et utilissimæ scriptiones, et Deo
carum et Ecclesiæ venerabilem effecerunt.*

*Hujus viri sanctitatem, dum in vivis esset, summâ
prosecutus sum observantiâ; et, sive privatim ejus
fruerer colloquio, sive concionantem audirem, acres
pectori subdere sentiebam ad pietatem faces et lan-
guentem excitare. Memini me autem aliquando per
eos dies, quibus mortem Christi pia recordatione cele-
brat Ecclesia, ita ejus adhortatione fuisse incensum,
ut in has querelas eruperim.* (Suit une pièce de vers
sur la Croix.)

*Commentarius de rebus ad eum pertinentibus,
p. 552.* Le Commentaire a été imprimé en 1718,
14 ans après la 2ᵉ édit. des Origines. Huet est né à
Saint-Jean de Caen, le 9 février 1630.

TÉMOIGNAGE D'HERMANT.

« On peut avec justice mettre le P. Eudes au
nombre des grands hommes de ce siècle, dont la
mémoire est en bénédiction.

Ce fut à Caen que la divine Providence se servit
de luy pour opérer les grandes merveilles dont il y a
encore tant de témoins oculaires. Il y trouva de
justes admirateurs de son mérite; et bientôt il
s'acquit une estime universelle. Ses fréquentes prédications, qu'il rendit fort populaires, qu'il soutint
par un zèle généreux, ennemy du respect humain,
et qu'il accompagna d'une grande sainteté de vie,
firent quantité de conversions; depuis longtemps
on n'avoit point vu de prédicateur plus suivy; les

églises les plus grandes étoient trop petites pour contenir la foule des auditeurs.

Ainsi, l'on peut dire que c'est à sa conduite et à sa vertu, et à celle de ses enfants, que presque tout le clergé de cette grande province (de Normandie) est redevable de sa régularité et d'un nombre infini de bonnes actions.

..... Pendant qu'il a vécu, il n'a pas manqué d'ennemis qui luy ont donné, en plusieurs occasions, des marques violentes de leur haine et de leur mauvaise volonté ; et en cela, il a eu le partage de presque tous les grands hommes, qui n'ont jamais été exempts de persécutions. Mais son désintéressement, sa sincère piété, le témoignage authentique de tous les gens de bien, et, plus que tout cela, l'innocence de sa vie, l'ont assez justifié de tous les sanglants reproches et de toutes les atroces calomnies dont on a tâché vainement de le noircir. »

Hermant, *Histoire de l'établissement des Ordres religieux*, etc., p. 438-439. Hermant est né à Caen en 1650 ; il est mort, en 1725, curé de Maltot.

TÉMOIGNAGE DU CONTINUATEUR DU P. HÉLYOT.

Des prêtres missionnaires, communément appelés les Eudistes, *avec la vie de Monsieur Eudes, leur Instituteur.*

« Ce fut alors que se voiant chargé de ce nouvel emploi (de Supérieur de l'Oratoire de Caen) il (le

P. Eudes) redoubla son zèle pour s'en acquitter dignement ; s'appliquant à la prédication, non par le désir de plaire, mais de convertir les pécheurs, il se mit peu en peine de flatter les oreilles pourvu qu'il touchât les cœurs. Il reprenoit hardiment le vice, et persuadoit la vertu avec tant de force et d'onction, que sa réputation se répandit dans les plus grandes villes du roïaume, et même jusqu'à la Cour, où la Reine-Régente, Anne d'Autriche, mère de Louis XIV, l'entendit plusieurs fois avec beaucoup de satisfaction.......

..... Ce ne fut pas sans beaucoup de contradictions que se fit cet établissement (de la Congrégation) ; mais, M. Eudes et ses associés les surmontèrent par le silence, la douceur et la patience.......

Son livre du *Bon Confesseur* a été si universellement estimé, qu'avant la mort de son auteur, on en avoit fait plus de 9 éditions, et qu'un des plus illustres archevêques de France en ordonna la lecture à tous les prêtres de son diocèse par un statut particulier.

Le Vénérable P. Eudes mourut à Caen, où il fut regretté généralement de tout le monde. Ce fut le 19ᵉ d'aoust 1680. Dès qu'on en eut appris la nouvelle dans la ville, le concours du peuple à venir voir ce fidèle serviteur de Dieu fut si grand, qu'on eut beaucoup de peine d'avoir la liberté de l'enterrer. L'empressement de tout le monde à lui rendre les derniers devoirs, les louanges qu'on lui donnoit et qui retentissoient de toutes parts, firent assez voir que Dieu honore dans le ciel celui à qui tant de monde rendoit par avance tant d'honneur sur la terre.

C'étoit un homme doüé de toutes les vertus chrétiennes et ecclésiastiques. Sa foi étoit si pure, si vive et si ferme, qu'il demandoit souvent à Dieu la grâce de la sceller de son sang. Il avoit une telle expérience de la Providence de Dieu sur lui, qu'il espéroit dans les choses mêmes où il sembloit qu'il y eût moins à espérer. Son amour pour Dieu étoit si ardent, que son cœur poussoit des aspirations continuelles vers le Ciel. Deux vertus qui lui furent singulières le faisoient aimer de Dieu et des hommes : son humilité et sa simplicité.

Tout prêchoit en lui ; sa modestie dans le public, son recueillement à la prière et à l'autel, lui attiroient une vénération profonde de tous ceux qui le voïoient. Quoiqu'il prêchât avec tant de force que les plus grands libertins se sentoient portés à quitter leurs vices par la crainte qu'il imprimoit dans leurs cœurs, néanmoins, au Tribunal, il avoit beaucoup de douceur, surtout envers ceux qu'il trouvoit disposés à profiter des grandes vérités qu'il leur avoit annoncées. Il se conduisoit en cela selon l'esprit de Dieu qui « sçait mortifier et vivifier à propos. » Personne ne lui a jamais reproché une douceur mondaine et complaisante. Il conservoit en toutes occasions la fermeté évangélique ; et souvent, plein de charité pour les pauvres pécheurs qui s'adressoient à lui, il se punissoit lui-même pour obtenir de Dieu les grâces dont ils avoient besoin. Tous ceux qui l'ont connu ont été les témoins de sa mortification et de ses austérités ; enfin comme son principal soin avoit été de former les prêtres qui étoient de sa Compagnie, il y avoit emploïé tous les moïens que son zèle lui avoit suggéré; et il y réussit si bien, qu'il les laissa remplis de son esprit et héritiers de ses vertus. »

Histoire des Ordres religieux, t. VIII, p. 166.

Extrait des Mémoires chronologiques, pour servir à l'histoire ecclésiastique depuis 1600 jusqu'à 1716.

« Le 2 janvier 1666, le Pape accorde une bulle de confirmation aux religieuses établies à Caen, sous le titre de Notre-Dame de Charité. Ces filles suivent la règle de saint Augustin; et outre les trois vœux ordinaires de religion, elles en font un quatrième de s'emploïer à l'instruction des femmes et filles libertines qui pensent à changer de vie. Cet établissement est le fruit des prédications du *P. Eudes, grand homme de bien*, qui, après avoir quitté les PP. de l'Oratoire, avoit fondé ceux de la Mission sur le modèle de la Congrégation du P. Vincent de Paul. *Cet illustre serviteur de Dieu, dont le nom est encore en vénération dans la province de Normandie*, a été extrêmement maltraité par le P. Gerberon, qui le représente dans son histoire générale du jansénisme, comme un fanatique, ennemi déclaré de la grâce de Jésus-Christ. »

Le P. d'Avrigny (1).

Article du Mercure *(février 1682)*.

« Vous aurez appris, il y a longtemps, la mort du

(1) Né à Caen en 1675.

R. P. Jean Eudes, *l'un des plus célèbres missionnaires qu'on ait vus depuis bien du temps, et dont l'Église ait reçu les plus utiles services.* Il a travaillé sans aucune relâche, pendant plus de 60 ans, à prescher, catéchiser, instruire et faire des missions, auxquelles il s'est quelquefois trouvé, pour un seul sermon, jusqu'à 40 mille personnes ; il a aussy fait un grand fruit à l'égard des prétendus réformés. Je ne parle point du grand nombre de monastères de filles dont il étoit directeur, et auxquels il a fait de très-grands biens. M. l'évêque de Bayeux (1), à qui les personnes de piété ont toujours été recommandables, voulant rendre honneur à la mémoire de ce grand missionnaire, luy fit faire le mois passé (2) un service des plus solennels dans l'église de Notre-Dame de Caën (3). *Quelque grande qu'elle soit* (4), elle se trouva trop petite pour contenir ceux que l'envie d'entendre l'éloge de *cet illustre défunt* attira en foule. »

Lettre de Louis XIV au pape Innocent X, en faveur du P. Eudes (5).

« *Très-Saint Père, le zèle que nous avons pour*
« *la gloire de Dieu et de son Église nous convie*
« *d'écrire celle-cy à votre Sainteté pour la supplier*
« *par l'avis de la Reine régente, notre très-honorée*

(1) Mgr de Nesmond.
(2) 13 janvier.
(3) Actuellement Saint-Sauveur.
(4) L'écrivain du *Mercure* ne connaissait évidemment pas cette église.
(5) Costil, *Ann.*, p. 76.

« *Dame et Mère, de vouloir bénir et confirmer un*
« *séminaire ecclésiastique, étably depuis cinq ans en*
« *notre ville de Caën, dans le diocèse de Bayeux, et*
« *d'accorder aux prêtres dudit séminaire les pouvoirs*
« *et indulgences qu'ils demandent à votre Sainteté*
« *pour les missions qu'ils font avec tant de fruits,*
« *par la bénédiction qu'il plaist à Dieu y donner,*
« *qu'ils sont désirés et appelés dans presque toutes*
« *les provinces de notre royaume par les évêques,*
« *pour travailler dans leurs diocèses, tant aux sé-*
« *minaires qu'aux missions. Pourquoy, nous supplions*
« *votre Sainteté de les favoriser de ses grâces et*
« *bénédictions apostoliques et de leur vouloir accorder*
« *les expéditions nécessaires, afin qu'ils puissent*
« *doresnavant travailler avec plus d'effet et pour la*
« *plus grande gloire de Dieu, que nous supplions,*
« *Très-Saint Père, de vouloir conserver votre Sain-*
« *teté longues années, pour le bien et utilité de son*
« *Eglise. Ecrit à Paris le 19 novembre 1647.*
   « *Votre très-dévot fils, le Roy de France et de*
« *Navarre,*

« Louis. »

En même temps, le roi écrivait au cardinal d'Est,
promoteur et directeur des affaires de France à
Rome, et au marquis de Fontenay, son ambassadeur
extraordinaire, pour les charger d'appuyer sa demande.

Dix-sept ans plus tard, le roi de France adressait
au pape Alexandre VII une nouvelle lettre, dans

laquelle il lui recommandait, en ces termes, la Congrégation de Jésus et Marie :

«. Très-saint Père,

« Ayant accordé au P. Eudes, par nos lettres patentes, la permission d'établir, sous l'autorité des archevêques et évêques de notre royaume, une congrégation d'ecclésiastiques pour instruire les jeunes gens qui seront appelés de Dieu à cette sainte profession, en ce qui est de la vie, des mœurs et des fonctions cléricales, conformément aux décrets des saints conciles et à nos ordonnances, cette pieuse institution a produit de très-grands fruits dans l'Église. Depuis 22 ans qu'il a plu à Dieu de se servir de ce bon ecclésiastique pour travailler au salut des âmes, il s'y est appliqué avec tant de zèle et de ferveur, aussi bien que les autres prêtres, ses associés, que nous reconnaissons tous les jours, de plus en plus, combien cet établissement est utile et nécessaire. Leur vertu exemplaire, leur sage conduite, ont d'ailleurs répandu une si bonne odeur de toutes parts, que l'archevêque de Rouen et les évêques de Bayeux, de Coutances et de Lisieux, l'ont non-seulement établie dans leurs diocèses, mais même lui ont donné la direction de leurs séminaires. Plusieurs autres prélats désirant d'en faire de même, nous avons lieu d'espérer que le clergé de France en recevra des avantages très-considérables; mais nous nous en promettons encore de plus grands, s'il plaît à V. Sainteté d'y donner sa bénédiction.

« Nous avons bien voulu luy écrire cette lettre pour la supplier de vouloir autoriser et confirmer ledit

*établissement, faisant à cet effet délivrer audit P.
Eudes et à ses associés toutes les bulles et autres
expéditions nécessaires, etc.*

« *Écrit en notre château de Vincennes, le 16ᵉ jour
de septembre 1664.*

« *Votre dévot fils.*

« *Le Roy de France et de Navarre,*

« Louis. »

*Témoignages des personnages les plus notables
du clergé, au XVIIᵉ siècle.*

Les cardinaux de Bona, Vidoni, Capponi et Grimaldi professaient la plus haute estime pour le
P. Jean Eudes ; ils lui donnèrent constamment leur
appui et leur encouragement.

Peu de temps avant de mourir, le cardinal de Richelieu manda à Paris le vénérable serviteur de
Dieu, pour traiter avec lui de l'établissement des
séminaires, et notamment de la fondation du séminaire de Caen, à laquelle il lui promit de contribuer.
Il lui fit obtenir des lettres patentes de Louis XIII ;
ce fut à sa recommandation que la duchesse d'Aiguillon, nièce du cardinal, contribua pour la
somme de 1,000 livres au premier établissement de
la Congrégation de Jésus et Marie.

Le vénérable M. Olier, fondateur du séminaire de
St-Sulpice (1642), appelait le P. Eudes « *un homme
extraordinaire, la merveille de son siècle.* » En 1651,

ouvrant lui-même les exercices de la mission, que le zélé missionnaire devait prêcher avec douze de ses prêtres, il lui rendit, dans l'exorde de son sermon, ce magnifique témoignage : « J'aurois besoin, dit-il, *de la lumière de ce grand serviteur de Dieu*, dont j'occupe la place, pour vous parler dignement de Jésus-Christ, notre véritable lumière. *Cet homme apostolique a un don tout extraordinaire pour convertir les cœurs.* »

Saint Vincent de Paul parlait avec admiration du vénérable Père Eudes ; ce fut lui qui le recommanda à la Reine régente. Le 18 juin 1660, il écrivait en Pologne : « Quelques prêtres de Normandie, conduits par le P. Eudes, sont venus faire une mission dans Paris, avec une bénédiction admirable. La Cour des Quinze-Vingts est bien grande, mais elle étoit trop petite pour contenir le monde qui venoit aux prédications. »

En 1642, Mgr de Harlay, archevêque de Rouen, déclarait le P. Eudes « recommandable par la pureté de sa religion » et le nommait chef de toutes les missions de Normandie, titre qui lui fut maintenu, après sa sortie de l'Oratoire, par les métropolitains de Rouen et par le Saint-Siége. Mgr d'Angennes, évêque de Bayeux, Mgr de Matignon, évêque de Coutances, Mgr de Cospéan, évêque de Lisieux, Mgr Claude de La Madeleine de Ragny, évêque d'Autun, écrivirent en sa faveur aux papes Urbain VIII et Innocent X, pour obtenir l'approbation de la Congrégation de Jésus et Marie.

Le 22 octobre 1643, sept mois après que le P. Eudes avait quitté l'Oratoire, Mgr d'Angennes entretenait, en ces termes, le pape Urbain VIII des vertus et des mérites du vénérable serviteur de Dieu :

« . . . . . J'ay été témoin de la manière édifiante avec laquelle nostre bien-aimé le sieur Jean Eudes, prestre du diocèse de Séez, et recommandable par ses bonnes qualités, a présidé à un grand nombre de missions, depuis l'espace de quinze ans qu'il travaille dans mon diocèse. Il sait si bien allier la science et *la prudence* dont Dieu l'a favorisé avec la simplicité et la modestie dans les entretiens qu'il a avec le prochain, *ainsi que dans les discours qu'il lui donne en public*, qu'il s'en sert heureusement pour produire les plus grands fruits. » Dans les lettres d'institution accordées à la Congrégation de Jésus et Marie, en 1644, le même évêque se déclarait « bien informé de la foy catholique, de la pureté des mœurs, du zesle pour la religion, de la doctrine et de la capacité du susdit Jean Eudes et de ses associez. »

C'est encore le même prélat qui, plein de confiance en la sagesse du zélé missionnaire, lui écrivait, en 1646 : « Les lois de mon diocèse ne sont pas faites pour le P. Eudes. » Mgr Servien et Mgr de Nesmond portèrent sur ce saint prêtre le même jugement.

Quand le P. Eudes écrivit à Mgr de Cospéan pour le consulter sur le projet de la Congrégation de Jésus et Marie, le savant et pieux évêque lui répondit : « C'est un miracle que ce que vous me mandez, c'est une chose digne des Apôtres mêmes ; douter après cela si Dieu est avec vous et s'il conduit votre dessein, ce serait une extravagance. » En 1645, il recommandait chaleureusement le serviteur de Dieu au cardinal Grimaldi : « Certes, Monseigneur, écrivait-il, je vous puis protester que le P. Eudes est un homme tout à fait apostolique et qui a fait des merveilles par toute la Normandie pour le salut des âmes, merveilles si extraordinaires qu'il n'y a homme vivant qui ait rien vu de semblable. « Dans une lettre écrite, la même année, au pape Innocent X, il rendait au P. Eudes ce témoignage non moins élogieux : « *Nihil me nosse optimo isto viro aut sacris ejus concionibus religiosius, nihil quod majori æterni Spiritus vi atque energia Christum Christianorum inserat pectoribus, quos tanto numero ad se trahit, in odorem unguentorum ejus quem prædicat, ut id unice nobis sit credibile qui testes habemus oculos.* » Une autre fois, il écrivait à M. d'Amfréville, président de la Cour de Rouen : « Le P. Eudes est un vrai saint, et on peut le nommer, à mon avis, l'apôtre de la Normandie. » Les lettres qu'il adressait au P. Eudes étaient empreintes de la plus cordiale affection. Il en terminait une par ces mots, qui sont bien le dernier terme de l'affection : « *In Christo sum, eroque dum vivam, fili ac pater mi, tum vere pater, filius, frater, et si qua sunt alia amoris ac sanctæ necessitudinis nomina.* » Mgr de Cospéan était doué d'un grand talent oratoire ; c'est lui qui amena le bon usage de remplacer dans les sermons les maximes et les textes des auteurs païens par des citations de l'Écriture-Sainte.

Mgr de Matignon, évêque de Coutances, et plus tard de Lisieux, avait la plus haute idée du P. Eudes, et montrait pour lui un dévouement sans bornes. Ce fut cet évêque qui écrivit le premier au pape Urbain VIII, en faveur de la Congrégation de Jésus et Marie. Dans sa supplique, il appelle le P. Eudes « *pres-*

byter singulari doctrina, probitate et prudentia *con-spicuus; de Ecclesia bene meritus, necnon auctoritatis S. Sedis Apostolicæ propugnator acerrimus »;* et il ajoute que sa Congrégation « *non solum per totam Normanniam, sed etiam per universam Galliam suavissimum pietatis et scientiæ odorem diffundit.* »

Un seul fait suffira pour faire comprendre la vénération profonde que Mgr de Maupas, évêque d'Évreux, avait pour le P. Eudes : il lisait à genoux les lettres du saint missionnaire, après les avoir baisées.

Mgr Auvry, évêque de Coutances (1646-1658), Conseiller ordinaire du Roi en ses conseils, trésorier de la Sainte-Chapelle du Palais, à Paris, était rempli d'une affection si tendre pour le vénérable fondateur de la Congrégation de Jésus et Marie, qu'il déclarait, à la fin d'une de ses lettres, n'être qu'un avec lui : « *Tu et ego idem sumus.* » Quand il apprit la mort du P. Eudes, il écrivit à M. Blouet, supérieur de la Congrégation, une lettre touchante, dans laquelle il rendait le plus bel hommage à la sainteté du vénéré défunt. Nous la citons telle que nous la trouvons dans le manuscrit du P. Martine :

Lettre de Mgr Auvry, ancien évêque de Coutances, à M. Blouet, après la mort du vénérable P. Eudes.

« Je vous fais cette lettre, Monsieur, en sortant
« de l'autel où je viens de célébrer la messe pour le
« repos de l'âme du très-vertueux P. Eudes, notre
« bon et cher ami, dont j'appris hier au soir, par

« vostre lettre, l'heureuse mort. Et je vous puis dire
« que ça été avec des mouvemens et sentimens bien
« contraires, puisque l'extrême douleur et la grande
« joie y ont eu leur part : Considérant, d'un côté, la
« perte que fait l'Église d'un si saint homme et si
« zélé pour le salut des âmes, dont il en a gagné une
« infinité à Dieu, et qu'il pouvoit encore luy acquérir
« en demeurant au monde ; et, d'ailleurs, faisant
« réflexion sur l'extrême consolation et satisfaction
« que doivent avoir ses bons et véritables amis de le
« scavoir jouir d'une félicité et gloire éternelle, dont
« Dieu vraisemblablement l'a honoré, pour le récom-
« penser de tous ses grands travaux et fatigues qu'il
« a souffertes pour glorifier son saint nom. Je vous
« puis dire avec vérité, Monsieur, que ce sont les
« pensées que Dieu m'a données dans la célébration
« de ce saint et auguste sacrifice. Après quoy, je
« vous assureray que j'ay toujours la même intention
« de vous servir, et tous Messieurs vos confrères,
« avec toute l'affection et la tendresse possible, étant
« résolu de la conserver pour les chers enfans d'un
« si aimable Père (1). »

24 août 1680.

L'année même où toute la secte janséniste diri-
geait une attaque véritablement enragée contre le
bon P. Eudes, qui, arrivé à l'âge de 73 ans, com-
battait encore vaillamment le bon combat, cinq
évêques, qui avaient pu apprécier ses mérites pendant
de longues années, écrivaient en sa faveur une lettre

(1) Martine, l. VIII, p. 644.

collective au pape Clément X. Cette lettre, datée du 10 février 1674, est signée de Mgr de Harlay, archevêque de Paris, de Mgr de Matignon, évêque de Lisieux, de Mgr de Maupas, évêque d'Évreux, de Mgr de La Vieuville, évêque de Rennes, et de Mgr Auvry, ancien évêque de Coutances. Faisant allusion aux calomnies auxquelles on avait recours pour perdre le zélé missionnaire, ils disaient :

« Nihilominus fama est contra eum commotas fuisse calumnias et contradictiones..... licet solam Dei gloriam et animarum salutem exquisivisse in comperto sit, et eo quod Deus qui superbis resistit et humilibus dat gratiam, præfatam gratiarum abundantiam, in ipsius labores effuderit. Denique possumus et expedit Sanctitati vestræ testari eum, sive ratione zeli ad religionem propagandam et animarum saluti invigilandum, sive ratione sinceræ erga S. Sedem Apostolicam et Episcopos obedientiæ, dignum esse quem S. V. gratiis suis et favoribus prosequatur. »

Que dirons-nous encore ? Mgr Félix Vialart de Herse, évêque de Châlons, vendait jusqu'à sa vaisselle d'argent pour fournir aux frais des missions données par le P. Eudes dans son diocèse. Dans le midi, M. d'Authier de Sisgau, plus tard évêque de Bethléem, le pieux fondateur du séminaire de Valence (1639), « bénissait la bonté de Dieu d'avoir communiqué si abondamment son esprit au P. Eudes pour l'édification de son Église » (1644). Le P. de Chaumonnet, missionnaire au Canada, écrivait au vénérable Supérieur du séminaire de Caen une lettre des plus tendres, dans laquelle il le suppliait de le faire son héritier de l'amour qu'il avait pour la

Très-Sainte Vierge. Le R. P. Ignace Joseph de Jésus Maria, religieux carme déchaussé, d'une vertu consommée, lisait à genoux le livre du P. Eudes, intitulé : « *Le contrat de l'homme avec Dieu par le saint baptême.* » Le vénérable abbé du Val-Richer, Dominique Georges, M. de Rancé, réformateur de la Trappe, le bon et charitable curé de St-Pierre, M. de La Vigne (1), le célèbre controversiste M. Delaunay-Hue, grand vicaire de Bayeux, et cent autres personnages dont les noms cités par les biographes eudistes ont été reproduits dans le livre publié par le R. P. Le Doré, professaient tous la vénération la plus grande pour l'Instituteur de la Congrégation de Jésus et Marie : ils s'honoraient de compter parmi ses amis; et, au besoin, ils se faisaient ses protecteurs. Enfin, Bossuet disait hautement, après avoir entendu le P. Eudes : « C'est ainsi que nous devrions tous prêcher. »

Nous terminons cette série imposante de témoignages par la lettre que Mgr Claude de La Madeleine de Ragny, évêque d'Autun, écrivit, en 1648, au pape Innocent X, pour lui demander l'approbation apostolique de la Congrégation de Jésus et Marie. Elle est tellement honorable pour le P. Eudes que nous croyons devoir la reproduire *in extenso.*

---

(1) Durant une épidémie qui exerça de grands ravages à Caen, on vit plusieurs fois M. de La Vigne porter, sur son dos, les malades à l'hôpital. Trois fois la semaine, il donnait une instruction religieuse aux pauvres de la ville, ainsi qu'aux ouvriers qui travaillaient dans les carrières de Vaucelles et de St-Julien. Ce bon prêtre était l'intime ami du P. Eudes. (*Ann. de la Congr.*)

Nous donnons la traduction française faite par le
P. Costil (1).

*A Notre Seigneur le pape Innocent X, Claude
de La Madeleine, qui luy baise très-humblement
les pieds.*

« Je me prosterne aux pieds de votre Sainteté,
« avec le R. P. Jean Eudes, nostre bien-aimé prestre
« du séminaire de Caën, dans le diocèse de Bayeux,
« homme véritablement envoyé de Dieu pour le
« salut d'un grand nombre d'âmes qui étoient mortes
« dans la maison d'Israël, pour vous attester devant
« Dieu et Jésus-Christ, que, jusqu'à présent, je n'ay
« vu personne qui rendît service à sa divine Majesté
« et à son Église, dans l'affaire du salut des âmes,
« avec plus de zesle et de succès que luy : car il est
« puissant en œuvre et en parole. Comme un mar-
« teau propre à briser les pierres, il amollit et rompt
« la dureté d'un grand nombre de cœurs et les
« attire à la pénitence ; tesmoin cette multitude in-
« croyable de gens qui accourent à ses sermons de
« tous costés ; tesmoin les larmes et les gémissemens
« dont son auditoire est rempli ; tesmoin une infinité
« de confessions générales, de réconciliations d'en-
« nemis, de restitutions, de conversions d'héré-
« tiques et de feux publics où l'on a bruslé une
« multitude de mauvais livres, de peintures déshon-
« nêtes, de dés, de cartes et d'autres pareils
« instrumens de péché ; tesmoin enfin nos propres

(1) *Ann. de la Congr.*

« yeux. Depuis quatre ans, en effet, qu'il travaille
« avec ses associés dans ce diocèse, où nous l'avons
« appelé des extrémités de la Normandie, sur le
« bruit de sa piété et capacité, pour y faire des mis-
« sions en plusieurs lieux et en particulier dans notre
« ville d'Authun et dans celle de Beaulne, nous avons
« vu des prodiges de grâces qu'il a plu à Dieu d'opé-
« rer par son ministère, non-seulement par rapport
« à la conversion des pécheurs, mais encore pour le
« bien de nos curés et des autres prestres de nostre
« diocèse. Car il a reçu de Dieu ce don particulier
« de porter, par son exemple et par ses discours,
« un grand nombre de prestres à faire revivre la
« grâce qu'ils avaient reçuë de leurs prélats par l'im-
« position de leurs mains : ce qu'il pratique dans le
« temps de la mission, les assemblant en particulier
« pour leur parler de leurs obligations, et leur
« faire les exercices spirituels ; ce qui produit de
« très-grands fruits à la plus grande gloire de Dieu.
« Ainsy, le dit P. Jean Eudes se trouvant remply
« d'une singulière doctrine, piété, *prudence*, mo-
« destie, douceur et d'un zesle vrayment apostolique,
« et d'une profonde vénération pour le Saint-Siége
« et les autres prélats et pasteurs qui sont dans
« l'Église, joint à l'affection filiale que la plu-
« part des prestres ont pour sa personne, on ne
« peut douter, pourvu qu'il plaise à Votre Sainteté
« de l'honorer et de le munir de sa bénédiction
« et autorité apostolique, qu'on ne l'invite à aller,
« de tous côtés, pour y établir d'autres séminaires,
« et faire encore de plus grands fruits dans les
« missions. C'est pourquoy, nous jugeons qu'il

« mérite bien que nous le recommandions de tout
« notre cœur à Votre Sainteté, et que nous la sup-
« pliions de faire éprouver à ce fidèle serviteur de
« Jésus-Christ, qui travaille depuis 25 ans dans sa
« vigne, quelques effets de cette bonté qu'elle fait
« ressentir aux autres fervens ouvriers de ce divin
« Maître, et de ne luy pas refuser votre bénédiction
« paternelle et les autres grâces qu'il demande très-
« humblement à Votre Sainteté. Par ce moyen, vous
« fortifierez son courage, vous l'animerez à pour-
« suivre l'œuvre de Dieu, et l'engagerez à joindre ses
« prières aux nostres pour demander à Dieu une
« longue et heureuse vie en faveur de Votre Sainteté,
« pour faire jouir l'Église d'un saint gouvernement.

« Donné à Authun, le 18 avril 1648. »

De nos jours, Mgr Mathieu, Mgr Dupanloup, Mgr
Mermillod, Mgr Besson, et le saint pape Pie IX,
rangent le P. Eudes à côté de saint Vincent de Paul,
parmi les réformateurs du clergé et des fidèles de
l'Église de France.

Quand on a lu tous ces témoignages des hommes
les plus vertueux et les plus distingués, que l'on
connaît les œuvres accomplies par le vénérable serviteur de Dieu, les nombreux ouvrages qu'il a
composés, et qui, tous, sont « si pieux, si substantiels,
si remplis de l'esprit de Dieu et de la sève des divines
Écritures » (1) ; quand on a l'idée exacte des grandes
missions qu'il a données pendant un demi-siècle et

____

(1) Approbation donnée, en 1848, par Mgr de Nevers, aux Méditations du P. Eudes sur l'humilité.

des résultats acquis pour la société chrétienne par
l'établissement des séminaires dont il a, lui-même,
doté six diocèses, on comprend, alors, que le mot
de M. Olier n'a rien d'exagéré, et que notre infatigable et héroïque P. Eudes a vraiment été « *la
merveille de son siècle.* »

*Épitaphe du P. Eudes dans l'église du Sacré-
Cœur de Jésus et Marie, à Caen (av. 1792) (1).*

HIC JACET VENERABILIS SACERDOS JOANNES EUDES,
SEMINARIORUM JESU ET MARIÆ INSTITUTOR ET RECTOR.
OBIIT DIE 19 AUGUSTI 1680, ÆTATIS ANNO 79.

Le 20 février 1810, les restes du P. Eudes furent
exhumés et transférés solennellement, par les soins
pieux de M. Cafarelli, préfet du Calvados, dans
l'église Notre-Dame, dite *la Gloriette.* Mgr Charles
Brault, accompagné du clergé de la ville et d'une
foule immense de fidèles, présida la cérémonie.
L'oraison funèbre fut prononcée par M. l'abbé Boscher,
aumônier du Lycée de Caen. Le cercueil du P. Eudes
fut placé dans le chœur, et recouvert d'une pierre
tombale en marbre, sur laquelle on lit cette inscription :

D. O. M.

Hic e sacello Seminarii, quod olim erexeral, aspor-

---

(1) L'église et le séminaire des Eudistes sont devenus l'Hôtel-de-
Ville de Caen, depuis le 11 avril 1792.

tatæ et repositæ jacent relliquiæ venerabilis presbyteri Joannis Eudes, Congregationis Jesu et Mariæ et Monialium a Caritate fundatoris et primi superioris. Ecclesiasticæ scientiæ propagator fuit indefessus et clericalis disciplinæ exemplar. Qua in Deum et SS. virginem Deiparam ardebat, caritatem verbis et scriptis prædicavit, vita comprobavit. Pie vixit, sancte obiit, die 19 Aug. 1680, anno ætatis suæ 79.

Les Religieuses du monastère de Notre-Dame de Charité, dont le P. Eudes est l'Instituteur, obtinrent « son crâne et un reliquaire que l'on trouva dans le cercueil (1). » Ces reliques sont placées dans le mur de la chapelle du monastère, au-dessous du communicatoire de la grille du chœur. Le marbre blanc, dont elles sont recouvertes, porte une inscription qui, sauf une légère variante (2), est la reproduction exacte de l'épitaphe de l'église de Notre-Dame.

(1) *Le journal du Calvados,* du 17 février 1810.
(2) Allata jacet Reliquiarum pars.

. . . .

SS. J. et M. cordibus, totis animæ medullis, devotus.

APPENDICE.

FRAGMENTS EXTRAITS DU MANUSCRIT INÉDIT
DU P. JULIEN MARTINE.

La Peste de Caen, en 1631.

Le P. Eudes eut bientôt une nouvelle occasion de
signaler son zèle (1). En 1631, la peste éclata dans la
ville de Caën ; en peu de temps, elle y enleva un
nombre considérable d'habitants, et jeta les autres
dans la consternation. Les personnes de qualité se
retirèrent dans leurs maisons de campagne, ou s'en-
fuirent dans les pays voisins ; le petit peuple, resté
presque seul dans l'enceinte des murailles de la ville,
étoit dans une désolation qu'on ne peut exprimer :
car il se trouvoit dans un délaissement presque entier
pour son salut. Les curez, vicaires, et autres ecclésiastiques s'étoient enfuis ou cachez, par la crainte
de la mort ; très-peu eurent assez de générosité pour

(1) L'héroïque jeune prêtre était depuis 1628 dans la maison de
l'Oratoire de Caen, fondée en 1622.

s'acquitter, en présence du danger, de leur indispensable devoir.

Il semble que Dieu n'avoit envoyé le P. Eudes à Caën que pour y montrer sa vertu et son zèle sur un plus grand théâtre, et lui fournir ainsi l'occasion d'accomplir, à la vue de tout un grand peuple, ce qu'il avoit fait peu de temps auparavant dans d'obscurs villages du diocèze de Séez. En effet, ayant appris le triste état de tant de malheureux, qui périssoient tous les jours faute d'assistance, il se sentit vivement pressé du désir de les assister. Après avoir généreusement fait à Dieu le sacrifice de sa vie, il alla trouver son supérieur, qui étoit pour lors le P. de Repichon, et lui fit part de son dessein. Celui-ci ne manqua pas de s'y opposer fortement, et de luy apporter force raisons pour l'en détourner. Pour rendre la chose plus difficile et arriver ainsi à lui faire abondonner son projet, M. de Repichon luy dit qu'il devoit s'adresser au supérieur général. Mais le P. Eudes ne prit point le change ; il luy soutint que cette permission étoit de sa compétence, que comme il étoit sous sa dépendance immédiate, et qu'il n'étoit point question de sortir de la ville, il n'étoit pas nécessaire de recourir au supérieur général. Il protesta à M. de Repichon qu'il ne s'adresseroit point à d'autre qu'à lui ; et que, si quelqu'un venoit à périr, faute de ce secours, il en répondroit devant Dieu. Cette parole fit beaucoup d'impression sur ce supérieur ; il ne se rendit pourtant pas encore pour cela : mais il ajouta que, puisque Dieu lui donnoit assez de générosité pour ne point craindre la peste, et pour vouloir assister ceux qui ne le touchoient que

de loin, il devoit plutôt se réserver pour assister ses
confrères, si Dieu permettoit que quelqu'un d'eux
en fût attaqué. Lorsque ce bon religieux parloit ainsi,
il ne pensoit pas probablement qu'il seroit un des
premiers qui en auroit besoin, comme nous le verrons
bientôt. Plusieurs des sujets de la maison entrèrent
dans les sentimens du supérieur, et n'épargnèrent rien
pour faire changer le P. Eudes de résolution. Mais
l'amour de Dieu et du prochain étoit placé trop avant
dans son cœur, et le désir sincère qu'il avoit d'imiter
Jésus-Christ qui avoit bien voulu se livrer luy-même
à la mort pour ces mêmes hommes, ne luy permit
pas d'écouter aucune de leurs raisons. L'exemple des
saints qui s'étoient sacrifiez dans de semblables occasions, servit encore merveilleusement à le fortifier
dans sa généreuse résolution.

Cependant la peste augmentoit considérablement,
et faisoit de grands progrez; le nombre des malades
croissant tous les jours, on fut obligé d'en transporter
un grand nombre à la Gobelinière ; c'étoit un hopital
bâti à cette intention sur la paroisse de Sainte-Paix, à
l'extrémité du faubourg de Vaucelles. Il y avoit là
des personnes établies pour soigner les pestiférez,
tant pour le corporel que pour le spirituel. Quelques
Jésuites et quelques Capucins s'y dévouèrent avec
beaucoup de générosité, et il y en eut qui y trouvèrent une glorieuse mort. C'étoient d'ordinaire les
plus pauvres et les locataires, que l'on transportoit
dans ce lieu même, malgré eux; car, pour les
propriétaires, c'est-à-dire ceux qui habitoient leur
propre maison, on ne pouvoit pas les contraindre
d'y aller, mais on leur deffendoit de sortir. C'étoient

ceux-là que le P. Eudes demandoit d'aller visiter, consoler et assister ; ils étoient en effet les plus abandonnez, et il en mouroit beaucoup sans assistance.

Le bruit que le nombre des malades augmentoit chaque jour, et que beaucoup mouroient sans sacremens ayant pénétré jusqu'aux oreilles du P. de Repichon, il craignit que Dieu ne lui en demandât compte, puisqu'il ne tenoit qu'à luy de leur procurer le précieux secours qui se présentoit. Ce fut ce qui le détermina à permettre au P. Eudes de suivre le mouvement qui le portoit à cette bonne action ; à condition cependant qu'il reviendroit à la maison au premier avertissement pour assister ses confrères, si Dieu permettoit que quelqu'un fût attaqué de ce mal. Ses confrères ayant appris que le supérieur lui avoit enfin accordé la permission, se retranchèrent à luy demander, que du moins il se menageât en tout ce qu'il pourroit ; qu'il ne s'exposât que dans les grands besoins, qu'il ne touchât, si cela se pouvoit, aucun des contagiez, et qu'il se servît de quelques préservatifs.

Le P. Eudes les remercia de leur charité, de leurs bons avis et de toute la part qu'ils prenoient à sa conservation ; il se recommanda à leurs prières ; puis se présentant de rechef à Dieu, il renouvela le sacrifice qu'il lui avoit déjà fait de sa vie, et de tous ses intérêts ; et, comme s'il eût été certain d'y perdre la vie, il fit une acceptation de la maladie et de la mort, se soumettant aveuglément à tout ce qu'il luy plairoit faire de luy ; puis, plein d'ardeur et de confiance, il partit pour aller assister les pestiférez.

A peine fut-il sorti de l'Oratoire pour aller cher-

cher les occasions de travailler, que le bruit s'en
répandit bientôt par toute la ville. Il tourna sa marche
du côté de St-Pierre, de St-Gilles et du Vaugueux,
comme étant le quartier où il crut que les peuples
étoient les plus abandonnez. Il se vit en peu de tems
environné de personnes qui venoient implorer son
assistance pour leurs parens, amis ou voisins qui
étoient atteins de ce funeste mal, et couchez dans
leurs maisons. Il écoutoit tout le monde, et donnoit
le secours à un chacun, autant qu'il le pouvoit.

Sur ces entrefaites, Mme de Budos, abbesse de
Ste-Trinité de Caën, qui avoit déjà des liaisons de
piété avec le P. Eudes, ayant appris ce qui se passoit, luy écrivit une grande lettre sur la générosité
qu'il faisoit paroître en ces occasions si périlleuses,
et sur la charité tout extraordinaire qu'il exerçoit
envers tant d'âmes abandonnées. Elle le conjuroit
de se ménager et de prendre toutes ses précautions
pour se préserver du mal. Elle luy offroit en même
tems, avec beaucoup de générosité, de fournir à sa
subsistance, tandis que ce pénible travail dureroit.
A l'égard des ménagemens que Mme de Budos con-
seilloit, il ne répondit rien, déterminé qu'il étoit à
n'en admettre aucun. Mais il n'eut garde de refuser
l'offre charitable que cette pieuse abbesse luy faisoit
de fournir à sa nourriture ; car, comme il étoit toujours parmi les malades, bien des gens le fuïoient
et luy-même n'osoit approcher de personne, de peur
de leur communiquer le mal ; de sorte que, sans la
charité de Mme de Budos, il auroit eu beaucoup de peine
à subsister. Pour cet effet, on convint de luy apporter un tonneau dans la grande prairie qui est au-

dessous de l'abbaye et de St-Gilles, proche la rivière d'Orne, où il se retiroit la nuit pour prendre un peu de repos, et où on lui apportoit tous les jours de quoi vivre. La chose fut ainsi exécutée, et ce fut là qu'il établit son logement ; pendant tout le tems que la peste dura, son tonneau luy servit de réfectoire, de dortoir et d'oratoire. C'était de là qu'après avoir pris un peu de repos durant la nuit, il sortoit plein d'un nouveau courage, le matin, pour continuer ses pénibles fonctions.

Ce qui luy faisoit beaucoup de peine durant ce tems là, c'est qu'il ne pouvoit suffire à tous ces malheureux malades, et qu'il ne sçavoit souvent auquel entendre. Il leur donnoit à tous quelques paroles de consolation, et leur promettoit de les aller voir les uns après les autres, les exhortant à mettre leur confiance en Dieu, les assurant qu'il n'épargneroit rien pour les assister, non pas même sa propre vie. Mais ce qui le touchoit le plus, et ce qui luy déchiroit le cœur de compassion, étoient ceux qui avoient été enfermez dans leurs maisons et qui étoient abandonnez de tout secours. Ces pauvres infortunez, à demi morts, accouroient aux fenêtres, et, avec des cris lamentables, le conjuroient d'avoir pitié de leurs âmes et de venir entendre leurs confessions. Un si triste spectacle luy fit verser plusieurs fois une abondance de larmes. Il en confessa beaucoup, il en assista un grand nombre à la mort ; mais combien y en eut-il encore qu'il ne put pas secourir, et qu'il trouva morts sans confession ! Sa douleur en fut si grande, qu'il en pensa mourir.

Souvent le soir, lorsqu'il étoit retiré dans son gîte

ordinaire, il n'étoit guère tenté de dormir, quoy-
qu'il fût si fatigué qu'à peine pouvoit-il se remuer.
Il passoit une partie de la nuit à s'entretenir avec
Dieu sur ce qu'il avoit vu pendant la journée. Il
s'offroit à luy comme une victime de propitiation
pour apaiser sa juste colère. « C'est moy, disoit-il
à Dieu en soupirant, c'est moy qui mérite votre indignation : tournez contre moi votre colère et cessez
de frapper ces infortunez ! ou du moins donnez-moy
la grâce de les secourir, de les consoler et de leur
aider à faire un saint usage de leurs misères. »

Durant qu'il travailloit avec tant de bénédiction,
s'exposant à toutes sortes de dangers, sans aucun
ménagement, Dieu le préserva d'une manière toute
miraculeuse des atteintes de la contagion ; mais il
n'en fut pas de même de grand nombre d'autres
qui, nonobstant toutes les précautions qu'ils purent
prendre, ne laissèrent pas d'en être saisis, et beaucoup d'entre eux furent enlevez du monde en très-
peu de jours. De ce nombre là, furent le supérieur
de la maison de l'Oratoire, et deux de ses sujets
qui en furent attaquez. On le fit sçavoir au P. Eudes,
et il se rendit aussitôt auprès d'eux pour les secourir
en tout ce qui dépendoit de luy. La charité bien
ordonnée, et la parole qu'il en avoit donnée au supérieur, exigeoient cela de luy. Il leur rendit tous les
services dont il étoit capable, non-seulement pour le
spirituel, mais encore pour le corporel, se faisant
leur infirmier, sans se rebuter de rien.

Il administra les sacremens au supérieur qui étoit,
comme nous l'avons dit, le P. de Repichon. Il le
consola dans ce triste état et ne négligea rien pour

luy aider à bien mourir ; il l'assista dans son agonie et ne le quitta point qu'il n'eût rendu l'esprit. Il assista de la même manière les deux autres, dont il y en eut un qui mourut et l'autre qui recouvra la santé. C'est le P. Eudes même qui nous a marqué ces particularitez dans son *Memoriale beneficiorum Dei.*

A peine se fut-il libéré de cette occupation domestique, qu'il retourna pour continuer d'assister ceux du dehors, comme il faisoit auparavant, c'est-à-dire avec une charité toujours égale, n'usant d'aucune distinction, si ce n'est que les malades les plus infects, et où il y avoit le plus de puanteur, étoient ceux qu'il recherchoit, et au service desquels il s'emploïoit plus volontiers. Rien ne le dégoutoit, et ce qui auroit été capable de rebuter tout autre, la charité le luy rendoit aisé, et, pour le dire ainsi, agréable.

Comme il alloit chercher les malades dans les lieux les plus reculez, il apprit qu'il y avoit là un vieillard calviniste qui, seul enfermé avec sa femme, étoit attaqué de la peste, et presque à l'extrémité. Il se fait ouvrir la porte et luy parle ; il le console, il s'insinuë dans son esprit ; il luy fait voir, en peu de mots, la fausseté de sa religion. Il lui représente si vivement le danger évident où il étoit de périr pour toute l'éternité, que ce pauvre malheureux, malgré l'entêtement où il avoit vécu jusques alors, se rendit docile ; et autant touché de la charité si désintéressée du serviteur de Dieu que par la force de ses raisons, il renonça à ses erreurs et en fit abjuration. Il se confessa, receut le St-Viatique, et mourut catholique entre les bras de son charitable libérateur, à la grande consolation de tous ceux qui connoissoient son opiniâtre attachement à sa mauvaise religion, et qui apprirent avec joie un si heureux changement.

Après cela, la peste continua encore quelque tems en sa force et procura encore au P. Eudes bien des occasions d'exercer la charité et de pratiquer une infinité de bonnes œuvres.

Il seroit difficile d'exprimer tout ce que sa charité industrieuse luy fit faire de bien, durant tout le tems qu'il fut occupé à assister les pestiférez. Mais enfin, Dieu commanda à l'ange exterminateur, qui avoit fait tant de massacres dans la ville de Caën, de cesser de frapper et de remettre son épée dans le fourreau. La peste commença à se ralentir peu-à-peu, et s'étant considérablement diminuée, ceux qui s'étoient cachez reparurent; ceux qui s'étoient éloignez se rapprochèrent, et le commerce se rétablit. Pour le P. Eudes, il rentra dans l'Oratoire, chargé de mérites, comme un conquérant qui revient à la Cour chargé de lauriers et de dépoüilles, après une glorieuse campagne. »

Fondation du Séminaire de Caen, devenu l'Hôtel-de-Ville en 1792.

Dez l'année 1635, les bourgeois de Caën avoient formé le dessein de bâtir leur Place Royale à-peu-près sur le modèle de celle de Paris; ils avoient dressé le plan et pris les allignemens, et avoient offert de donner à fieffe, à ceux qui voudroient, des portions de ce terrain à condition qu'ils y feroient des bâtimens à-peu-près de la même structure, afin de former une place agréable et autant régulière qu'on le pourroit. Depuis ce tems là, il y avoit déjà trois côtez qui étoient presque tout occupez, et qui faisoient espérer une place assez régulière. Il restoit encore un côté, qui avoit retenu le nom de Petits-Prez, que toute la place auoit auparavant, et qui étoit le plus difficile à faire, parce qu'il restoit beaucoup de terrain de ce côté là et qu'on n'étoit pas encore bien déterminé sur ce qu'on en feroit.

Or, c'étoit justement ce terrain, et ce même côté, que le P. Eudes avoit continuellement devant les yeux, du lieu où il étoit logé (1), et où il trouvoit de quoy bâtir un beau séminaire et une église convenable qui achèveroient de former la Place Royale d'une manière qui feroit plaisir. Mais la difficulté du P. Eudes étoit de l'obtenir de la ville qui connoissoit bien ses facultez et l'impossibilité morale où il étoit de fournir à la dépense des bâtimens qu'il conviendroit de faire pour une pareille entreprise. Ce fut ce que le serviteur de Dieu prit la liberté d'exposer à Mg^r Servien. Ils eurent ensemble une longue conférence, afin d'aviser aux moyens dont on pourroit se servir pour réussir dans un si grand dessein.

Ils convinrent d'abord qu'il falloit engager M. de Longueville, gouverneur de la province de Normandie,

____

(1) Rue Saint-Laurent, en face de l'abreuvoir. C'est là que les PP. de la Congrégation de Jésus et Marie habitèrent de 1643 à 1703. A cette dernière date, et non en 1652, ainsi que le dit M. Vaultier dans son histoire de Caen, les PP. prirent possession du nouveau bâtiment du séminaire attenant à l'église.

et M. de La Croisette, gouverneur de la ville et château de Caën, qui étoient amis et protecteurs du P. Eudes, de s'intéresser à la chose, et d'emploïer leur crédit pour la faire réussir ; qu'il falloit en conséquence prier M. de La Croisette de demander la place en son nom, et qu'après l'avoir fieffée de la ville, il en feroit ensuite une remise au serviteur de Dieu et à sa Congrégation. Il y a plusieurs lettres sur ce sujet dans les archives du séminaire de Caën : cependant ce ne fut point là le projet qui réussit. Ce fut M. Servien luy-même qui demanda cette place à la ville, et qui proposa le dessein d'y bâtir une église et un séminaire, dont la face et le portail qui fermeroit tout ce côté, feroit un très-bel ornement de la Place Royale. On lui accorda l'espace qu'occupent présentement l'église et les bâtimens, la cour et le jardin du séminaire. Ce terrain qui se trouva contenir 123 perches et un quart, lui fut accordé pour le prix de 369 l. 15 s. de rente foncière qui se pouvoient cependant amortir en deux fois, à condition de commencer à bâtir dans 6 ans. Le contract en fut passé le 30ᵉ jour de novembre 1658, et le 12 de décembre suivant, M. Servien en fit remise au P. Eudes, et à sa Congrégation aux mêmes clauses et conditions.

. . . .

Cependant depuis près de 4 ans que cette fieffe était faite, le P. Eudes n'avoit encore payé que très-peu de chose : il ne voyoit pas de ressources du côté des hommes pour pouvoir amortir une si grosse rente, ny même pour en payer les arrérages qui étoient dus. Il attendoit cependant avec une parfaite confiance le secours de la divine Providence, sur

lequel il avoit fondé toutes ses espérances. Il ne lui
fit pas défaut : Dieu y pourvut d'une manière toute
miraculeuse, lorsque le vénérable Supérieur y pensoit
le moins. Voici de quelle manière il s'en exprime
dans son journal ; le lecteur sera bien aise de l'entendre luy-même parler sur un si beau sujet.

« En l'année 1662, un jour de samedy, veille de la
« Visitation de Nostre Dame, nostre Seigneur nous a
« donné le moyen d'amortir la rente de 369 l. 15 s.
« que nous faisions à la ville de Caën, pour la place
« qu'elle nous a fieffée, devant nostre maison, par
« l'entremise d'un homme de Paris, qui ne veut point
« être connu, ny en sa vie, ny après sa mort : lequel
« par une très-pure charité nous a donné, ou plutôt
« nostre Seigneur, et sa très-sainte Mère, la somme
« de dix mille francs : sur laquelle nous en avons pris
« près de huit mille pour faire cet amortissement, et
« pour païer deux années d'arrérages, que nous
« devions de ladite rente. Ensuite de quoy, j'ai dédié
« et consacré en ce même jour ladite place en l'hon-
« neur *du très-Saint-Cœur de la bienheureuse Vierge*.
« Et j'ai fait vœu à Dieu devant le Très-Saint-Sa-
« crement de la choisir pour fondatrice de l'église
« que nous désirons, et espérons y bâtir en *l'honneur*
« *de ce même Cœur*, et des maisons nécessaires et
« convenables pour nostre communauté ; et de n'y
« admettre jamais aucune autre personne, quelle
« quelle soit, en qualité de fondateur ou de fon-
« datrice. »

Ce secours luy vint bien à propos, parce qu'il étoit
obligé par son contract d'y bâtir en bref ; faute de
quoy il y avoit lieu de craindre que la ville ne ré-

voquât le marché fait avec luy . . . .

. . . .

En faisant le contract avec Messieurs de la ville pour la Place Royale, il s'étoit en effet obligé de commencer à y bâtir dans six ans. Et comme on étoit actuellement dans la sixième année, et qu'il ne vouloit pas manquer à sa parole, il résolut de commencer par l'église ; quelques raisons qu'on lui pût apporter pour le faire commencer par le bâtiment du séminaire, il ne voulut point y entendre ; mais d'ailleurs c'est qu'il se sentoit vivement pressé par le vœu qu'il avoit fait dy bâtir une église en l'honneur du Sacré Cœur de la bienheureuse Vierge, si par son moïen il pouvoit obtenir cette place.

Ainsi déterminé à bâtir cette Église, il s'adressa à son évêque, M. de Nesmond, non-seulement pour en obtenir la permission, comme l'ordonnent les S.S. Canons, mais encore pour le supplier de vouloir bien honorer de sa présence cette grande cérémonie et de bénir la première pierre de cet édifice, et il pria Mme de La Croisette, femme de M. de La Croisette, gouverneur de Caën, de vouloir bien poser cette première pierre, non pas en son propre nom, mais au nom et en la place de la Très-Sainte-Mère de Dieu qu'il avoit choisie, à l'exclusion de toute autre, pour en être la fondatrice. Mme de La Croisette accepta volontiers cette commission ; et s'en croïant très-honorée, elle s'en acquitta avec une dévotion digne de celle qu'elle représentoit.

M. de Nesmond, de son côté, fit tout ce qu'il falloit pour rendre cette cérémonie des plus augustes et des plus édifiantes. Le mardy 20 de may (1664), jour des Rogations, qui avoit été choisi pour cette grande action, tout le clergé de la ville invité de la part de Monseigneur s'y trouva, ainsi qu'un nombre très-considérable de personnes de distinction, qui avoient M. le Gouverneur de la ville à leur tête, et une multitude presque innombrable de peuple. Ce digne Prélat ne se contenta pas d'observer religieusement tout ce qui étoit prescrit dans le pontifical romain pour cette cérémonie ; mais il voulut de plus célébrer une messe pontificale en l'honneur du Sacré Cœur de la Très-Sainte-Vierge, avec le *Gloria in excelsis*, la prose et le *Credo*, sur un théâtre que l'on avoit construit sur la Place Royale, et qui étoit assez grand pour contenir l'autel et tous les officiers nécessaires pour cette cérémonie (1), et assez élevé pour être vu de tout le peuple qui y assista, ainsi qu'au sermon qui y fut fait par M. Lamy, théologal de la cathédrale de Bayeux.

Tout le monde ressentit et témoigna une grande joïe en cette occasion, dans l'espérance des grâces abondantes, et des bénédictions que chacun se promettoit dy recevoir. Mais personne ne la ressentit plus douce et plus vive que le P. Eudes, qui dans ses transports chanta un beau cantique d'allegresse en souhaitant mille bénédictions durant toute l'éternité au Très-Saint-Cœur de Marie, qui y devoit être honoré d'un culte public, qu'il appelle « nostre partage, le sujet de nostre espérance, et de nostre joye et la gloire de la Congrégation. » Le lendemain, veille

(1) Le P. Costil dit qu'ils étaient au nombre de quinze (*Ann. de la Congr.*).

de l'Ascension, on commença à jeter les fondations
de ce grand édifice ; et le travail continua, à diverses
reprises, à proportion que la divine Providence en-
voïoit des secours, et que la charité des fidèles en
donnoit le moyen : car c'étoit là toute la ressource de
notre pieux Instituteur pour l'exécution d'un si
vaste projet.

Le P. Eudes demeura le reste de l'été à Caën pour
faire travailler à son église. Il vouloit s'assurer par
lui-même de la solidité des fondemens du grand
édifice qu'il avoit dessein de construire. Car comme le
fond où il falloit bâtir étoit très-bas et très-mauvais,
il croïoit de la dernière conséquence de prendre de
bonnes mesures et de ne rien négliger. Mais dans
l'automne, il en laissa le soin à un de ses sujets, qui
étoit assez entendu en fait de bâtimens.

. . . .

A la fin de la mission prêchée à Versailles en
1671, « le Roy ayant appris par d'autres le dessein de l'église que le P. Eudes avoit commencé
de bâtir pour le séminaire de Caën, en l'honneur
du Cœur Sacré de la Très-Sainte Vierge, *et que
c'étoit la première église du monde bâtie pour un
si pieux dessein,* voulut y contribuer, et fit délivrer
au saint homme deux mille francs à cette intention ;
et si le Roy ne donna pas davantage, ce ne fut que
parce que notre vénéré maître ne demandoit rien.
En l'année 1673, entre la mission de St-Germain-
en-Laye et celle d'Elbeuf, Mme la duchesse de
Guise donna au P. Eudes la somme de 12,000 l.
pour être emploïée au bâtiment de l'église du
séminaire de Caën, qui, commencée en 1664,

étoit encore bien peu avancée. Les échevins de la ville voyant que cela alloit si lentement et empressez pour achever leur Place Royale, menaçoient de temps en temps le P. Eudes de renverser ce qu'il avoit déjà construit, pour en faire une place d'armes. Cela ne laissoit pas de l'inquiéter fort; et tout résigné qu'il étoit à la divine volonté, il craignoit que ses infidélitez ne luy attirâssent un tel malheur. Ce fut ce qui l'engagea à ménager l'esprit de cette princesse, pour qu'elle l'aidât par ses libéralitez. Elle possédoit de grands biens et étoit puissamment riche; et elle emploïoit une bonne partie de ces biens à faire des œuvres de piété. Elle étoit fille de Gaston d'Orléans, oncle du Roy, et veuve, pour lors, de Louis-Joseph de Lorraine, duc de Guise, de Joyeuse et d'Angoulême.

Le P. Eudes avoit de grandes liaisons avec sa belle-sœur, Mme de Lorraine, abbesse de Montmartre, et avec ses religieuses, qui avoient une profonde vénération pour luy, et l'honoroient comme un saint; ce fut ce qui lui procura la connaissance de Mme la duchesse doüairière de Guise, et qui engagea cette princesse à lui faire cette donation pour aider à bâtir son église: aux conditions qu'on fera tous les samedys un salut de prières convenuës dans ladite église, lorsqu'elle sera achevée; et en attendant, dans la chapelle du séminaire; et cela à perpétuité, le tout pour attirer la protection de la Sainte-Vierge sur elle, sur son fils, M. le duc d'Alençon, et autres de sa famille. Le contrat en fut fait à Paris, le 5 de juin de l'année 1673. Avec ce secours le P. Eudes fit travailler à son église dez qu'il fut de retour à Caën,

après la mission d'Elbeuf. On en commença le portail,
et on continua tant que les 12,000 l. durèrent. Après
quoy cet édifice fut encore interrompu par plusieurs
fois (1). »

Mort du P. Eudes.

« Immédiatement après la retraite qu'il avoit faite
pour se préparer à la mort, le P. Eudes voulut
visiter une dernière fois ses chères filles, les religieuses de Notre-Dame de Charité, pour se recom-
mander à leurs prières et pour leur dire le dernier
adieu. Il leur fit un petit entretien pour les exhorter
à la ferveur et à la persévérance dans la fidélité au
service de Dieu. Il leur dit que c'étoit la dernière
fois qu'il leur parleroit, qu'il alloit prendre le lit,
et que, selon toutes les apparences, il n'en releve-
roit pas. Son discours, prononcé d'une voix très-
faible, fut touchant et rempli d'onction. Après les
avoir remerciées avec des paroles pleines de ten-

(1) Le P. Costil dit que « le travail de la construction de l'église fut
interrompu, au moins quatre fois; et qu'au moment où mourut le
P. Eudes (19 août 1680) on y avoit déjà dépensé 38,577 l. » La
dédicace de l'église eut lieu le 23 novembre 1687. La cérémonie fut
présidée par Mgr de Nesmond « qui ordonna qu'on mît sous un
pavillon décemment paré les saintes reliques qui devaient être placées
sous les autels...... *Le grand autel fut dédié au divin Cœur de Jésus
et au Sacré Cœur de Marie comme au seul titulaire de la nouvelle
église*..... Le sermon fut donné par Mgr de Loménie, évêque de
Coutances, le protecteur déclaré de la Congrégation » (Costil, *Ann.
de la Congr.*).

dresse, il se mit à genoux, et levant les yeux et les mains vers le ciel, il demanda à Dieu qu'il luy plut les combler de ses grâces et de ses plus abondantes bénédictions, et de leur servir luy-même de père. Enfin, il leur donna sa bénédiction, et les laissa toutes fondant en larmes.

Tout ce qu'il leur avoit dit les avoit pénétrées de douleur; mais la pensée que c'étoit pour la dernière fois et qu'elles ne le reverroient plus dans cette vie mortelle, les accabloit. Elles regardèrent ses paroles comme une prophétie de sa mort, qui ne tarderoit pas beaucoup à avoir son exécution. En effet, aussitôt qu'il fut de retour au séminaire, il fut attaqué de sa dernière maladie et obligé de prendre le lit. Il la regarda ainsi, et comme celle qui devoit mettre fin à toutes ses misères. Son mal étoit une fièvre continuë assez violente qui, jointe à plusieurs autres maux compliquez, le firent extraordinairement souffrir pendant environ trois semaines qu'il vécut encore.

Dez qu'il se vit frappé à mort, il s'abandonna parfaitement à la divine volonté pour souffrir tout ce qu'il luy plairoit, et en la manière qu'il luy plairoit. Il prit une forte résolution d'obéir fidèlement à tout ce que les médecins et son infirmier luy prescriroient. Delà vint cette patience et cette profonde paix qui furent d'une si grande édification pour tous ceux qui en furent les témoins. Comme il n'avoit respiré durant sa vie que pour Dieu, pour son amour et pour sa gloire, et qu'il avoit toujours entretenu dans son cœur un désir ardent de se réunir à luy dans la bienheureuse éternité, il eut grand soin de renouveler tous ces beaux sentimens durant sa maladie ; et ses belles dispositions devinrent d'autant plus vives qu'il approchoit de sa fin.

Quoy qu'il eût toujours été intimement pénétré de la crainte des jugemens de Dieu, qu'il avoit tant de fois prêchée et inculquée aux plus grands pécheurs, ce n'étoit plus là sa disposition pour lors ; son grand amour pour Dieu, et sa grande confiance en sa bonté et en ses miséricordes, le rassuroient. Quelqu'un luy ayant demandé dans ce tems-là s'il ne craignoit point la mort : « J'en ai bien sujet, répondit-il, mais « j'espère aux miséricordes de mon Dieu et aux mé- « rites infinis de mon bon Sauveur. J'espère de la « bonté de sa Très-Sainte Mère, qui est la mienne, « qu'elle ne m'abandonnera pas. » Ces pieux senti- mens dissipoient tout ce qui auroit pu luy causer quelque inquiétude.

Lorsqu'on le vit si dangereusement malade, on le fit savoir à M. Blouet, qui étoit retourné à Coutances. Il ne fut pas nécessaire de le presser de venir. Il comprit assez, par ce qu'on lui en marquoit, qu'il n'y avoit pas de tems à perdre et que tout étoit à craindre pour un homme de cet âge et qui avoit de si grandes infirmitez ; ainsi, il s'empressa de se rendre à Caën. Il trouva le P. Eudes encore plus en danger qu'on ne luy avoit fait entendre, et qui désiroit fort de l'avoir auprès de luy. M. Blouet fut sensiblement touché de le voir dans cet état ; car il l'aimoit et le respectoit comme un bon père, et il en avoit toujours été tendrement aimé. Il le voyoit dans de grandes souffrances ; mais ce qui le consoloit un peu, ce fut les dispositions admirables où il le trouvoit au milieu de ses grandes douleurs, si patient, si soumis à la divine volonté, si plein de la divine espérance des biens éternels, dont il alloit bientôt entrer en possession.

M. Blouet, pensant à ce qu'il y avoit à faire, commença par assembler les médecins. Ils firent encore quelques tentatives pour le soulager et pour donner quelque adoucissement à ses grandes douleurs ; mais tout leur art et tous leurs remèdes furent inutiles, car il étoit dans un âge où la nature n'ayant plus de ressources, les remèdes ne produisent presque aucun effet. Ils firent même sur le malade quelques opérations qui luy causèrent des douleurs très-aiguës ; de ces souffrances, le saint homme ne poussa pas la moindre plainte, il laissa seulement échapper quelques soupirs que la violence du mal luy arracha, pour ainsi dire, malgré luy. Quelqu'un de ceux qui l'entouroient luy demanda : « Mon père souffrez-vous beaucoup ? — « Épouvantablement, » répondit-il. — « Mais mon « père, ajouta le même, ne voulez-vous pas bien « souffrir toutes ces douleurs pour l'amour de Notre « Seigneur ? » — « Ah ! de tout mon cœur, répondit-« il ; de tout mon cœur ; oüy, mon Sauveur, c'est de « tout mon cœur que j'embrasse toutes les peines que « vous me faites souffrir. Il est bien juste, mon Dieu, « que le criminel souffre, puisque l'innocent a tant « enduré ; il est bien raisonnable que le serviteur « endure puisque le maître a tant souffert ; oüy, mon « Dieu, c'est de tout mon cœur, puisque vous l'avez « ainsi voulu ; vous scavez que je n'ay jamais eu « d'autre volonté que la vôtre, faites de moy selon « votre bon plaisir. »

Il éprouva en cette occasion combien Dieu est un bon Père, combien il est miséricordieux pour ceux qui le craignent et qui l'aiment ; combien il sçait consoler, soutenir et fortifier ceux qu'il afflige , quand ils veulent bien souffrir pour luy : car il regorgeoit de consolations au milieu de ces violentes souffrances. Cependant, sentant son mal augmenter considérablement, et craignant de perdre la présence d'esprit nécessaire pour bien recevoir les sacremens , il demanda avec instance qu'on luy administrât le Saint-Viatique. On ne balança pas à luy accorder cette consolation , et il le receut avec une dévotion qui attendrit tous ceux qui se trouvèrent présens.

Aussitôt qu'il aperceut le Saint-Sacrement en sa chambre, il pria son infirmier de luy aider à se lever ; tous les assistans firent ce qu'ils purent pour l'en empêcher ; mais rien ne fut capable de l'arrêter, ny de retenir sa grande ferveur. Sans avoir égard à sa grande faiblesse et à tout ce qu'on put luy dire , il se mit à genoux sur le pavé, devant le Saint-Sacrement. Soutenu par deux frères, il commença par faire amende honorable et réparation à notre Seigneur pour les innombrables péchés qu'il disoit avoir commis ; ensuite il récita quantité des plus beaux actes de résignation, d'abandon de luy-même et de tous ses intérêts , d'acceptation de la mort et autres semblables : ensuite, il demanda pardon à tous ses enfans présens et absens, qui composoient sa Congrégation , des peines qu'il pouvoit leur avoir données. Il leur souhaita mille bénédictions, les offrant tous à notre Seigneur et à sa Sainte-Mère , et les exhorta à l'observation fidèle de leurs règles et constitutions. Tout cela se dit et se fit d'une manière si touchante, qu'il n'y eut pas un des assistans qui ne fondit en larmes ; après cela, toujours à genoux, il receut le Saint-Viatique dans une posture si humiliante et si pénible.

C'étoit M. Dufour, un de ses confrères, qui le luy administra, qui rapporte toutes ces particularitez, dans une lettre qu'il écrivit peu de tems après à M. Herambourg. Puis le malade s'étant fait remettre au lit, continua son action de grâce, avec une ferveur en rapport avec la préparation qu'il y avoit apportée. Il fut long-temps occupé à produire des actes du plus ardent amour envers Celui qu'il avoit le bonheur de posséder, désirant que toutes ses respirations et tous les mouvements de son cœur fussent autant d'actes d'amour parfait, de résignation entière aux volontez de son Dieu, d'humilité la plus profonde, et d'une confiance filiale en sa divine bonté et en ses miséricordes infinies.

Après quoy, se tournant vers la Très-Sainte Vierge, il luy disoit avec la confiance la plus tendre : *Maria mater gratiæ*, et ces autres belles paroles, *monstra te esse matrem.* Enfin il dit un adieu général à toutes les choses créées, pour ne plus s'occuper que de Dieu seul, et du désir de le posséder. On luy entendoit répéter de tems en tems ces belles paroles : « *Jesus meus et omnia*, mon Jésus qui m'êtes toutes choses ; *dilectus meus mihi*, mon bien aimé est tout mon amour. *Veni, domine Jesu*, ah! venez s'il vous plaît, ô mon aimable Jésus. *Unum volo, unum quæro, unum amo.* Je ne veux qu'une seule chose, qui est mon

Dieu, je le désire, je le cherche et je l'aime de tout mon cœur, pour le tems et pour l'éternité. »

Ce grand détachement des choses de la terre ne l'empêcha pas cependant de donner des avis, dans ce même tems, c'est-à-dire peu de jours avant sa mort, aux Supérieures des religieuses de Notre-Dame de Charité et des Carmélites de Caën. Il leur recommanda de se bien garder de contrister ou de laisser contrister par quelque autre les malades de leur communauté ; peut-être parce qu'il sentoit par sa propre expérience combien un malade est faible et digne de compassion dans ce tems-là, et combien il faut peu de chose pour révolter ses passions et le mettre en danger d'offenser Dieu, de perdre le mérite de ses souffrances et de se perdre soy-même. Et il ne faut pas douter qu'il n'eût la pensée de le faire comprendre ainsi à ceux de ses confrères qui étoient présens, et de le faire scavoir par là à toutes les maisons de sa congrégation, comme étant une de ses dernières volontez qui devoit être bien précieuse à tous ses sujets, leur étant adressée dans une conjoncture si remarquable.

Cependant, le serviteur de Dieu s'apercevant que son mal alloit toujours en augmentant, et ses forces en diminuant, il crut qu'il étoit tems de se faire donner l'Extrême-Onction. Il demanda donc ce sacrement, et il le receut avec une présence d'esprit et une piété toute extraordinaire. Il répondit luy-même à toutes les prières de l'Église avec une vive foy et des sentimens de la plus sincère componction, à la vue des péchez qu'il avoit commis par chacun des sens sur lequel on faisoit les onctions.

Après cela, le peu de tems qui luy resta fut presque

tout employé à produire des oraisons jaculatoires qu'il poussoit vers le ciel avec une grande ferveur, et qui luy servoient merveilleusement à le soutenir et à le fortifier dans ces grandes souffrances et à en faire un saint usage. Ces oraisons jaculatoires étoient plusieurs beaux passages de la Sainte-Écriture, qui luy avoient toujours été très-familiers, mais il les prononçoit d'un ton et avec une onction qui inspiroit de la dévotion à tous ceux qui les entendoient proférer.

Pendant que les choses étoient en cet état, Mme de Camilly luy fit demander si elle ne pourroit point avoir la consolation de le voir encore une fois et de recevoir sa dernière bénédiction. « Qu'on la fasse « monter, répondit le P. Eudes, c'est ma fille aînée. » Cette pieuse dame ne put le voir dans un si triste état, et dans de si grandes souffrances, sans en être vivement touchée et sans répandre beaucoup de larmes. Elle luy témoigna la part qu'elle prenoit à ses grandes douleurs et au triste état où elle le voyoit réduit. Mais il la consola par l'espérance qu'il avoit d'en voir bientôt la fin et des grandes ré-compenses qu'il en attendoit. Elle se jeta ensuite à genoux pour luy demander sa bénédiction pour elle et pour sa famille, et pour le prier de se souvenir d'elle quand il seroit dans le ciel. Il la luy donna aussitôt, puis il ajouta : « O si le bon Dieu me fait « miséricorde, et si j'ai quelque pouvoir auprès de luy, « je ne vous laisseray pas longtems icy après moy. »

Ce fut pour cette pieuse dame une prophétie qui ne tarda guère à s'accomplir ; car environ trois mois après, comme elle revenoit de la chapelle du sémi-naire de Caën, où elle avoit fait ses dévotions, s'en retournant chez elle sans aucune maladie, elle fut prise d'une faiblesse par le chemin : elle n'eut le tems que de se mettre à genoux, et joignant les mains et levant les yeux au ciel, elle expira sur la place. La vie qu'elle avoit menée, et tout le bien qu'elle avoit fait, comme nous avons vu dans plusieurs endrois de cette histoire, donnent tout lieu de croire que Dieu luy fit miséricorde. Ce fut le jugement qu'en portèrent dans Caën ceux de qui elle étoit connuë. Elle étoit mère de M. Blöuet de Camilly, dont on a parlé cy-devant, et grand'mère de M. de Camilly, archevêque de Tours, et de M. le chevalier de Camilly, assez connu en France.

Pour revenir au P. Eudes, cet homme de Dieu, voyant son dernier moment approcher, le regarda non-seulement sans s'effrayer, mais même avec une sainte joye. Ce fut pour cela que voyant ses confrères autour de son lit qui s'affligeoient et qui pleuroient dans la pensée qu'ils alloient bientôt perdre un si bon père, à qui ils avoient de si grandes obligations : « Pourquoy pleurez-vous, leur dit-il, « mes frères ? N'est-il pas juste que je païe à la na- « ture le tribut que nous luy devons tous, que nos « pères ont païé avant moy, et dont personne n'est « dispensé ? Réjouissez-vous plutôt de ce que je vais « être délivré de cette vallée de misères, où il y a « si longtems que je gémis, et de ce que je vais « entrer en possession de ces grands biens qui nous « sont promis et préparez dans le ciel. Il n'appar- « tient qu'aux payens et à ceux qui n'ont point l'es- « pérance des biens éternels, de s'affliger de la « perte de leurs amis et de leurs proches. »

C'est ainsi que ce saint homme regardoit la mort et qu'il vouloit que ceux qu'il alloit quitter la regardâssent, c'est-à-dire comme la fin de ses misères et le commencement du parfait bonheur dont il alloit entrer en possession. Enfin, il mourut le 19 du mois d'août de l'année 1680, un lundy, sur les 3 heures après midy, plein de jours, de vertus et de bonnes œuvres. Son âme se détacha de son corps sans efforts, ny convulsion, comme un fruit mûr qui se détache de l'arbre. Ainsi finit une si longue vie, si remplie de grands·événemens et de grandes actions faites pour Dieu et pour la sanctification des âmes.

On ne s'étonnera pas de ces dispositions si consolantes où se trouva le P. Eudes à sa mort, si on fait attention à celles où il avoit été durant toute sa vie. Toujours son cœur avoit brûlé d'amour pour Dieu, de zèle pour sa gloire, de fidélité pour son service. Après avoir gagné tant d'âmes à Dieu, mené une vie si pure et si sainte, tant souffert d'afflictions et de persécutions pour Dieu, que n'en devoit-il pas espérer ? Un grand capitaine qui a toujours glorieusement combattu les ennemis de son pays et remporté grand nombre de victoires, retourne après sa campagne avec bien de la joie vers son prince, persuadé qu'il en sera très-bien reçu. Telle étoit la disposition où se trouvoit ce saint homme à sa mort, et c'est ce qui le rendoit si tranquille, et qui le remplissoit de si solides consolations.

Dez que le P. Eudes fut décédé, on disposa au plutôt son corps ; on le revêtit de ses habits sacerdotaux, suivant l'usage d'ensevelir les prêtres dans ce pays ; on le mit dans un cercueil de plomb, et on l'exposa dans la chapelle du séminaire. La nouvelle de sa mort s'étant répanduë dans la ville, le peuple vint en foule pour le visiter, et pour luy donner des marques de vénération, dans la persuasion que la plupart avoient de son pouvoir auprès de Dieu. On se recommandoit à ses prières, comme à celles d'un saint, on luy baisoit les pieds, on luy faisoit toucher des chapelets, et autres choses semblables. Le concours devint si grand, que l'on fut obligé, pour satisfaire la piété des fidèles, de différer son inhumation jusqu'au troisième jour. Ce fut M. Guilbert, curé de Notre-Dame de Caën, et official, accompagné d'une partie du clergé de la ville, qui fit l'inhumation, en présence d'un peuple innombrable. Le corps fut inhumé dans l'église même du séminaire, encore bien imparfaite ; on le déposa dans le lieu où on voit maintenant une belle tombe de marbre blanc, placée dans la suite sur son tombeau, qui se trouve maintenant (1735) au milieu du chœur. Pendant bien du tems, on ne s'entretint dans la ville que de sa mort précieuse devant Dieu, des beaux exemples de vertu qu'il avoit donnez durant sa vie, et des grandes choses qu'il avoit faites pour Dieu. Chacun se faisoit un plaisir de raconter ce qu'il en sçavoit, ce qu'il en avoit vu, ou ce qu'il en avoit entendu. Sa dénomination ordinaire étoit « le bon P. Eudes. » Nous pouvons dire qu'il étoit dans une estime générale d'être un saint, excepté parmi ses ennemis, qui n'ont rien épargné pour le décrier pendant sa vie, et pour ternir sa mémoire après sa mort.

Caen, Typ. F. Le Blanc-Hardel.

20 39 38 40 [illegible] 47 [illegible]

OUVRAGES DU MÊME AUTEUR.

Conspiration des barons normands contre Guillaume le Bâtard, et la bataille du Val-ès-Dunes, en 1047. Prix . . . . 2 fr.

Étude sur la première croisade, coup d'œil sur l'ordre des Hospitaliers de Saint-Jean de Jérusalem. Prix. . 2 fr.

Notice archéologique sur l'église de Cintheaux. Prix . . . . 1 fr. 50

Notice généalogique sur la famille irlandaise des Macqwir.

Dévouement et mort héroïque du soldat Galibourg, 1870.

Récit de la plantation du Calvaire de Cormelles-le-Royal,

Récit de la plantation du Calvaire d'Olendon, 1875.

Chant de l'O Salutaris, réponse à M. le Procureur de l'église.

PARAITRA PROCHAINEMENT

La peinture de Charles de Bourgueville, sr de Bras, dans l'église St-Pierre, à Caen. Prix. . . . . 1 fr. 50